오늘의 중국을 읽는 27가지 테마

오늘의 중국을 읽는 27가지 테마

초판 3쇄일 · 1999년11월 10일
초판발행일 · 1999년 5월 30일
펴낸곳 · 도서출판 자작나무
지은이 · 다케요시 지로오, 나카노 겐지
옮긴이 · 김양수
펴낸이 · 송인석
주소 · 서울시 마포구 상수동 21-1
전화 · 3142-9152~4
팩시밀리 · 3142-9160
등록 · 제10-713호(1992. 7. 7)
ISBN 89-7676-913-9 03330

값 7,500원

※ 잘못 만들어진 책은 바꾸어 드립니다.

오늘의 중국을 읽는 27가지 테마

다케요시 지로오 · 나카노 겐지 지음 / 김양수 옮김

자작나무

■ 한국어판 저자 서문

『오늘의 중국을 읽는 27가지 테마(現代中國 30章)』가 한국에서도 독자를 모시게 되었다는 말을 듣고, 정말 반갑고 기뻤습니다. 동아시아에 사는 우리는 서로 이웃나라를 올바로 인식하고, 더욱 깊이 이해하며 신뢰해야 합니다. 그것이야말로 이 지역의 안정과 발전을 강화하는 첫걸음이라고 믿습니다.

한국이 중국과 오랜 교류의 역사를 갖고 있다는 것은 말할 나위도 없습니다. 다만 애석하게도 2차 대전 이후에는 대립관계가 되어버려, 황해(黃海)를 사이에 둔 양안(兩岸)의 관계가 부자연스러운 공백상태에 놓이게 되었던 적도 있었습니다. 서울 올림픽을 계기로 가까워지면서 상호간의 교류가 원상회복된 것은 기쁜 일입니다.

본서의 일본판 서문에서도 언급한 것처럼 일본인들도 중국이라는 나라에 대해서는 오랜 교류에 기반한 친근감을 갖고 있지만 그 국가구조에 대해서는 다소 이질감을 갖고 있는 사람들도 많습니다. 또 넓고도 다양한 중국에 대해 알면 알수록 속이 깊다는 느낌도 갖고 있습니다. 그런 중국을 한 권의 책에 담아보고 싶어 시도했던 것이 바로 이 『오늘의 중국을 읽는 27가지 테마(現代中國 30章)』입니다. 다행히 일본에서는 대학생 · 사회인들이 많은 성원을 보내주었고, 지금은 또 새로운 젊은층에서 많은 관심을 보여주고 있습니다. 한국에서도 그럴 수 있기를 바랍니다.

개혁 · 개방 정책을 추진하고 있는 중국은 유동(流動)과 발전을 계속하고 있습니다. 본서가 일본에서 출판된 후에도 '총 설계사(總設計師)' 떵샤오핑(鄧小平)이 타계하면서 지휘권은 쟝쩌민(江澤民)을 중심으로 하는 제3세대로 이행되었습니다. 또 홍콩은 주권회복에 따라 중국의 특별행정구가 되었습니다. 그런 점들을 보충하면서 본서를 읽어주시면 고맙겠습니다. 올해로 건국 50주년을 맞게 되는 중국은 경제발전을 착실히 진행시키고 민주와 법제의 실현을 위해 노력하면서 21세기로 진입하고 있습니다. 그리고 그에 따라 국제사회에서의 협력관계를 더욱 강화하고 있습니다. 물론 우리와 중국과의 관계도 더욱 긴밀해져야 할 것으로 생각합니다. 본서가 여러분께 조금이나마 도움이 된다면 다행이겠습니다.

저자

■ 저자 서문

중국 경제의 고도성장이 세계적으로 주목되고 있다. 기업의 진출 등 중국 관련 기사가 신문에 실리지 않는 날이 없다. 이러한 실정을 반영하듯이 대학에서 중국어를 선택하는 신입생이 급증하고, 사회인을 대상으로 하는 중국어 강좌도 성황을 이루고 있다. 중국의 일반사정을 알고 싶어하는 비즈니스맨들도 현저하게 증가하고 있다.

그러나 일본인에게 있어 중국인은 동일하게 한자를 사용하고 젓가락을 사용하며, 생김새도 닮았고, 2천 년 동안의 교류에 기초한 친근감도 있지만 왠지 중국은 큰 나라인 만큼 국가조직이나 문화적 전통면에서 일본과는 상당히 이질적인 면도 있다. 처음에는 대상이 크다는 데에 당황하지만, 후에 알면 알수록 더욱 오묘해지는 느낌을 누구라도 가졌으리라.

시판되는 중국 관계 서적을 보면 분명히 전문가에 의한 노작도 적지 않고, 비즈니스에 직결되는 방법론들도 많이 보이지만, 초심자를 위한 입문서는 결코 많다고 할 수 없다. 중국에 관한 최소한의 기초 지식을 얻고, 아우트라인을 잡아 중국에 대한 흥미를 높은 수준의 이해로 끌어올리는 데 일조하는, 그런 책이 간행되기를 기다려 왔다는 것에 통감하여 천학비재에도 불구하고 본서의 집필을 결심하게 되었다.

당연한 것이겠지만 한 권에 '중국의 모든 것'을 담는 것은 불가능하여, 본서에서는 '현대중국'을 타겟으로 삼게 되었다. 전체를 다섯 부분으로 나누어 27개의 테마를 정하고, 학생과 사회인을 대상으로 한 저자의 강의에서 축적된 경험을 바탕으로 하여 가능한 한 객관적으로 저술하고자 노력하였다. 별도로 관련 데이터를 첨부하였다. 본서가 대학에서 〈중국학 개론〉의 참고서로, 또는 중국에 관심을 가진 사회인에게 입문서로 널리 활용될 수 있기를 바란다.

저자

차례

제2장 내정과 외교

제3장 산업과 경제개방

제4장 사회와 생활

제1장

자연환경에서 역사까지

1 중국은 크다

자연환경

수탉의 형상

지도를 펼쳐보면 중국은 수탉의 모양을 하고 있다. 동북(東北) 지방은 머리부분으로, 벼슬도 달려 있다. 산똥(山東) 반도는 가슴이고, 신장(新疆)은 꽁지이며, 고구마같이 생긴 타이완(臺灣)과 감자같이 생긴 하이난따오(海南島)가 두 발이 된다. 면적은 960만km^2로 세계 3위인데, 캐나다(998만km^2)보다 약간 작고, 미국(937만km^2)보다 약간 크다.

중국과 국경을 접하고 있는 나라는 북한 · 러시아 · 몽골 · 카자흐스탄 · 키르기스탄 · 타지키스탄 · 아프가니스탄 · 파키스탄 · 인도 · 네팔 · 시킴 · 부탄 · 미얀마 · 라오스 · 베트남의 15개국으로, 국경선은 2만 2,800킬로미터다.

북쪽 끝의 모허(漠河)에서부터, 중국이 영유권을 주장하는 난사(南沙) 군도까지 위도차는 50도이고, 5,500킬로미터에 아한대 온대 아열대 기후가 걸쳐 있기 때문에 겨울철의 기온차는 50도를 넘는다. 홍콩과 광저우(廣州)는 북회귀선의 남쪽에 있다. 동서간의 거리는 5,200킬로미터로, 원래대로 하면 4시간의 시차가 있는 것이지만, 베이징(北京)보다 더욱 동쪽인 동경(東經) 120도를 전국 통일의 표준시간(베이징 시간)으로 삼았기 때문에, 신장(新疆) 등 서부는 출퇴근시간이 늦다.

지형적으로는 '서고동저(西高東低)'의 3단계를 구성하고 있다. 히말라야 산맥과 쿤룬(崑崙) 산맥에 끼여 있는 칭하이(青海) 티베트 고원은 평균해발 4천 미터 이상 되는, 이른바 '세계의 지붕'이라 불리는 곳으로 동아시아와 남아시아의 많은 큰 강들이 이곳을 발원지로 하고 있다. 그 북쪽과 동쪽에 펼쳐진 타림 분지 · 즁갈 분지 · 내몽골 고원 · 황토 고원 · 쓰촨(四川) 분지 · 윈꾸이(雲貴) 고원은 제2단계로, 평균해발 1천~2천 미터다. 포도로 유명한 투르판 분지에는 해발 154미터인 호수가 있다. 그 동쪽은 제3단계로 동북 평원, 화북(華北) 평원, 창장(長江) 중하류 평원과 동남쪽의 구릉지대가 줄지어 있다.

북위 30도에서 본 중국의 지형

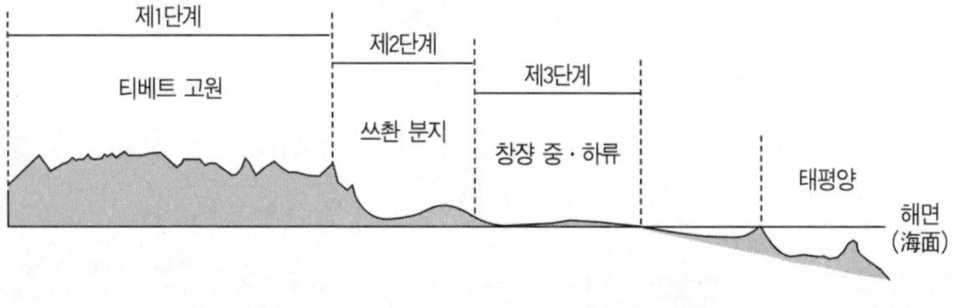

네팔과의 국경에 우뚝 솟은 세계 최고봉 에베레스트(중국에서는 珠穆朗瑪라 표기한다)는 해발 8,848.13미터다. 이와 비교할 때 황토 고원과 쓰촨 분지를 사이에 두고 떨어져 있는 친링(秦嶺) 산맥은 유명하지는 않지만, 창장 유역과 황허 유역을 가르는 분수령이 되는데, 거기에서 동쪽으로 이어지는 화이허(淮河)와 함께 기후와 농업의 양 방면에서 하나의 기준선을 이루고 있다는 점은 알아둘 필요가 있다.

"강의 봄물이 동쪽으로 흐른다(一江春水向東流)"는 말처럼 중국의 큰 강들은 대개 서쪽에서 동쪽으로 흐른다. 전장 6,300킬로미터의 창장(長江)과 5,400킬로미터의 황허(黃河)가 대표적이다. 서남 지구에는 헝돤(橫斷) 산맥이 남북을 가로지르고 있는데, 메콩 강의 상류에 맞닿아 있는 란창(瀾滄) 강, 사르빈 강의 상류에 맞닿아 있는 누(怒) 강 등은 남쪽으로 흐른다. 이외에 신장(新疆)에 있는 호수도 주목해볼 만하며, 사막에서 말라버린 강, 혹은 시베리아를 거쳐 북극해에 연결되는 강도 있다.

다양한 지형과 기후

중국은 유라시아 대륙의 동쪽 끝에 위치하고 있으며, 중앙아시아와는 험준한 산맥 및 황량한 사막을 사이에 두고 떨어져 있다. 실크로드를 지나쳐 간 대상(隊商)들이나 현장 법사의 고난에 찬 구도(求道) 과정에서도 알 수 있는 것처럼, 교통이 발달하지 못했던 시대에 중국의 지형은 문화와 사상면에서 폐쇄성을 형성하는 요인 중 하나였다는 점이 지적되기도 한다.

만년설을 머리에 이고 있는 산맥, 끝없이 펼쳐지는 사막, 지평선에서 아침해와 저녁해를 볼 수 있는 평원, 양이 풀을 뜯는 대초원, 푸르른 농지…….

중국의 지형은 본래 다양하고 복잡하다. 비율로 보면 산지(山地) 33퍼센트, 고원 26퍼센트, 분지 19퍼센트, 평원 12퍼센트, 구릉 10퍼센트다. 산과 구릉과 고원을 합하면 국토의 70퍼센트 가까이 차지하게 된다. 큰 나라라고 하지만 사람이 살 수 있는 면적은 결코 넓지 않다. 경지도 국토의 약 10퍼센트로, 1억 헥타르에 지나지 않는다. 해안선은 1만 8천 킬로미터에 달하며, 크고 작은 6천여 개의 섬이 있다.

지형이 다양한 만큼 기후도 다양하다. 여름에는 남쪽에서 계절풍이 불어오고, 겨울에는 시베리아와 몽골 고원에서 불어온 한파가 세력이 약화되면서 동남쪽의 연해(沿海) 지방에까지 이른다. 중국인이 '서북풍(西北風)'이라 할 때는 세력이 강한 바람이 아니다. 북부와 내륙은 건조하여 겨울이 길지만 남쪽은 다습하고 사계절이 분명하다. 윈꾸이(雲貴) 고원은 사계절이 봄과 같다 하여 쿤밍(昆明) 시에는 '춘성(春城)'이라는 별칭이 있다.

강수량은 깨끗하게 선으로 구분할 수 있다. 북단의 아이후이(璦琿, 현재의 愛輝)와 윈난(雲南) 성의 텅충(騰衝)을 잇는 선은 연강수량 400밀리미터 라인과 거의 일치하는데, 이 선의 동쪽은 농업구, 서쪽은 목축구가 된다. 또 앞에 말한 친링(秦嶺)—화이허(淮河) 선은 800밀리미터 강수량 라인과 거의 겹치게 되며, 그 남쪽은 쌀농사, 북쪽은 밀농사 지역이다. 남쪽에 사는 사람은 매일 소나기에 익숙해져 빗속에서도 아무렇지 않게 활보하지만, 북쪽에 사는 사람은 비가 내리면 용무가 있어도 나가는 것을 귀찮아한다. 신장(新疆)은 연간 강우량이 10밀리미터 이하로, 비가 내리는 것을 신기하게 여겨 모두들 밖으로 나온다고 한다.

아이후이-텅충 라인

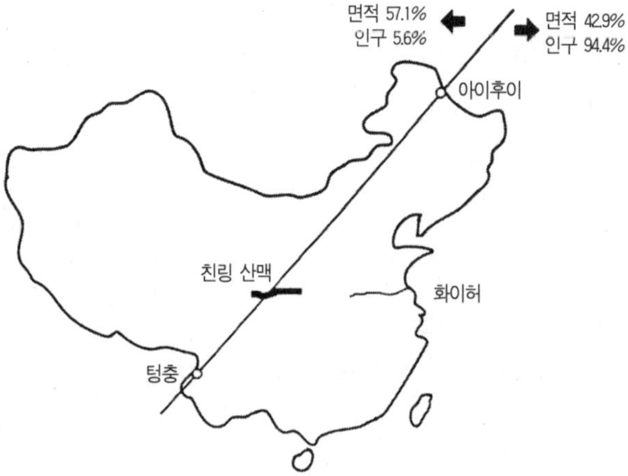

토양도 여러 가지다. 동북쪽의 흙은 정말로 검어, 과연 '옥토(沃土)'라는 감이 느껴진다. 화북의 황토 고원은 문자 그대로 황색의 대지다. 창장(長江) 이남의 구릉지대로 오면 '홍랑(紅壤)'이라 불리는 붉은 흙(라테라이트)으로 변한다. 문화대혁명 초기에 중국을 방문한 일본인이 "과연 혁명의 나라로군. 흙까지 붉다니!"라고 했다는 이야기도 있다.

풍부한 것은 끝없는 자원

중국은 줄곧 '지대물박(地大物博)'의 나라로 불려왔다. '지대(地大)'라 함은 국토가 광활하다는 말로 그 의미 그대로라 하겠지만, '물박(物博)'이라 했을 때는 과연 자원이 풍부한가를 따져보아야 할 필요가 있다. 각종 자원을 보유하고 있다는 점이야 분명하지만, 인구가 많기 때문에 1인당 자원보유량에서는 세계 평균치를 밑도는 경우가 대부분이다. 품목에서의 절대량도 결코 풍부하다고 할 수 없다.

또 지표자원으로는 물과 삼림이 있다. 수자원은 2조 8천억m^3로 세계 6위지만, 1인당으로 치면 세계 평균의 4분의 1밖에 되지 않는다. 그 분포도 고르지 못해, 화이허(淮河)의 북쪽은 경지가 전국의 64퍼센트인데, 수자원은 19퍼센트에 지나지 않는다. 강수량도 남쪽보다 적어 북부의 공업용 생활용 관개용수는 지하수를 끌어올려야 하기 때문에, 수위가 내려가고 호수나 댐이 바짝 말라버리는 상황도 생겨난다. 근본적인 해결책은 창장(長江)의 물을 북쪽으로 끌어올려 '남쪽의 물로 북쪽을 조절하는(南水北調)' 수밖에 없어, 21세기의 대형 프로젝트로 설계되고 있다. 또 수력발전용 수자원은 서남 지방과 황허(黃河)의 상·중류에 집중되어 있어, 잠재력은 수억 킬로와트지만 조금밖에 개발되어 있지 않다.

삼림자원은 총 축적량 90억m^3로 상당한 규모지만 1인당 보유량은 역시 부족하다. 또 전체 국토에서 차지하는 삼림피복률은 13.9퍼센트로, 지금까지 세계 평균의 2분의 1 이하다. 주로 삼림자원은 동북의 대소(大小) 싱안링(興安嶺)과 서남의 헝돤(橫

斷) 산맥이다. 최근에 벌채량이 식수의 성장을 웃도는 상황이 계속되면서 '삼림적자'라는 경종을 울리기도 했지만, 겨우 엇비슷하게 수지를 맞추는 정도가 되었던 것 같다. 최대의 과제는 장기간의 전란과 남벌(濫伐)로 민둥산이 되어버린 동북·화북·서북의 산들에 푸르름을 회복하는 사업으로, '삼북녹색장성(三北綠色長城)'이라는 프로젝트가 꾸준히 추진되고 있다. 이것은 방풍 방사림의 역할뿐 아니라 상류 일대를 녹화함으로써 토사가 유실되어 황허에 유입되는 것을 근본적으로 치유하는 문제와 연관된다는 면에서 '백년하청(百年河淸)을 기다린다'는 치수 사업으로서도 중요한 의미를 지니는 것이다.

내륙에 편재(偏在)

지하자원은 에너지, 금속, 비금속으로 크게 나뉜다. 에너지 자원은 풍부하며, 그 중 석회가 단연 으뜸이다. 매장량은 8,700억 톤이며, 세계 2위다. 그 중 60퍼센트가 화북의 산시(山西)·산시(陝西)·내몽골에 집중되어 있는데, 내륙이기 때문에 수송이 어렵다는 난점이 있다.

석유의 경우 40년 이전까지만 해도 '빈유국(貧油國)'이라 했었지만, 지질조사 결과 동북의 쑹랴오(宋遼) 평원, 산뚱(山東)의 황허(黃河) 하구 등에서 유전이 발견되어 개발되고 있다. 해저 유전에서는 기대했던 만큼의 성과가 나타나지 않았지만, 서부의 타림 분지에서는 세계 굴지의 대유전이 개발되기 시작하여 외국에서도 주목하고 있다. 천연가스는 쓰촨 성에도 많지만 산시(陝西) 성 북부에서 새로 발견된 가스전(田)에서 베이징까지를 연결하는 파이프라인이 부설되어 일반가정용으로 공급하는 공사가 진행되고 있다.

철광자원은 널리 분포되어 있으나, 품위(品位 : 광석에 포함된 철의 함유량)가 높은 양질의 것은 적다. 또 공생광(共生鑛)이라 하여 여러 금속이 복잡하게 섞인 광석이 많아, 이를 처리하는 데에 고도의 기술이 요구된다. 비철금속으로는 대부분의 품목이 생산되고 있는데, 특히 텅스텐과 안티몬이 유명하다. 최근에 각광을 받기 시작한 희토류(希土類 : rare-earth)는 세계 매장량의 80퍼센트가 내몽골의 빠오터우(包頭)에 집중되어 있다. 상대적으로 적은 편에 속하는 니켈도 자급할 수 있는 정도는 되어, 오래전부터 줄곧 알루미늄으로만 만들던 동전에 니켈도 사용하게 되었다.

비금속자원으로는 윈난(雲南)의 린광석과 칭하이(青海)의 소금이 유명하지만, 교통이 불편해서 거의 미개발 상태에 있다. '대리석(大理石)'이라는 명칭은 윈난 성의 따리(大理) 현(縣)에서 최초로 생산되었던 데에서 붙여진 것이다.

식물자원도 풍부하여 북반구의 거의 모든 식물이 분포하고 있다. 동물로는 팬더가 물론 유명하지만 금사후(金絲猴 : 원숭이의 일종으로, 중국 서남 지방의 원시림에 살며, 온몸이 아름다운 털로 덮여 있고 등의 털은 30센티미터에 이름), 따오기 등도 세계적으로 희귀동물에 속한다.

2 세계 인구 다섯 명에 한 명

인구 · 민족

38년에 배로 증가

누구나 알고 있듯이 중국의 인구는 세계에서 가장 많다. '다섯 명에 한 명은 중국인'이라 한다. 1993년 말의 총 인구는 11억 8,517만 명(홍콩, 타이완은 포함하지 않음)이었다. 이때에도 해마다 1,300~1,600만 명씩 증가해왔다.

『간명중국백과전서(簡明中國百科全書)』(중국사회과학출판사, 1989년 발행)에 의하면 3천 년 전인 서주(西周) 초기의 인구는 1,370만 명이었다고 한다. 춘추전국시대에는 1천 만 전후까지 감소되었다가, 한(漢) 왕조 400년 동안에 5천~6천만 명으로 증가되었다. 그 후 삼국시대와 남북조(南北朝)의 전란을 거치면서 다시 격감했다가 당(唐)대에 와서는 간신히 5천만을 회복했다. 송(宋)대 300년 동안에는 7,600만을 기록했다가 원(元)대에 와서는 또 줄었으며, 명(明)대에 와서는 6,600만까지 회복되었다. 청(淸)대에 와서는 인두세(人頭稅)가 폐지되면서 인구가 폭발적으로 늘어 1662년에는 1억을 돌파하였고, 그 100년 후인 1762년에는 2억으로, 87년 후인 1849년에는 4억으로 급증하였다. 그러나 그 후 100년 동안은 전란에 의한 참화의 세월이었고, 중화인민공화국이 수립된 1949년의 인구는 5억 4천만 명이었다.

건국 후(1949년 이후)의 인구추이를 보면 1981년에는 10억을 돌파했고, 건국 38년 만인 1987년에는 정확히 배가 증가하였다. 1950년대 전반은 최초의 베이비붐이었다. 1959~1961년에는 정책의 오류에 흉작마저 겹친 끝에 출생률의 저하와 사망률의 증가를 야기했고, 1960~1961년에는 절대적으로 감소하였다. 그 후 10년 동안은 제2차 베이비붐이 일어나는데, 그것은

중국의 남녀 · 연령별 인구 피라미드(1990년 7월 1일의 인구조사)

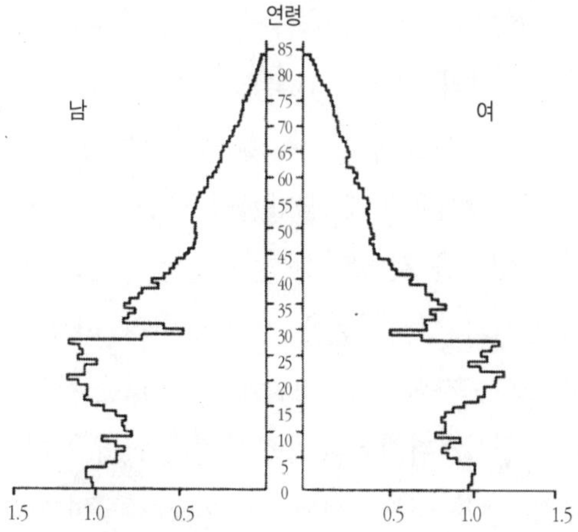

자료 : 『중국통계연감』 1991년판

1996년까지 계속되는 이른바 제3차 베이비붐과 이어진다.

일찍이 1957년에 경제학자 마인추(馬寅初)가 '신(新)인구론'을 제창하여 인구억제의 필요성을 역설했으나, '인간의 창조력은 무한하고, 많은 인구는 중국의 강대함을 의미한다'는 마오쩌뚱(毛澤東)의 주장에 밀려났었다. 마(馬) 교수는 20년 후에 명예회복이 되었으나, 중국인이 흔히 이야기하는 것처럼 '한 사람을 잘못 비판하여 3억의 인구를 늘려버렸'을 뿐이다. 만약 이때 '두 자녀'를 제창했었다면 오늘날과 같은 무리한 억제책은 피할 수 있지 않았을까.

증가하는 대로 내버려둘 국력이 없어 전국적으로 추진된 것이 '한 자녀 정책'이었다. 자식수를 1인으로 제한할 것을 본격적으로 요구하기 시작한 것은 1980년대 이후였다. 이러한 요구의 근거는 "중국에서는 21세 이하의 인구가 50퍼센트 이상을 차지하고 있기 때문에, 금세기 말까지는 연평균 2천여만의 남녀가 결혼을 한다. 만약 자연증가율을 1.45퍼센트(1981년 실적)로 본다면 세기말의 인구는 13억을 넘어설 것이다. 그들의 자식을 16세까지 키우는 데에는 2,200억 위엔(元)이 필요하고, 그렇다면 농공업 생산을 4배 증가한다 해도 생활수준을 중류로 끌어올리기는 어려울 것이다"는 설명에서 기인한 것이다.

한 자녀 정책의 실시내용은 지역에 따라 다소 차이가 나지만, 기본적으로는 자식을 한 명밖에 낳지 않는 부부를 장려하고 아이의 의료, 입학, 취직이나 주택분배에 있어 우대조치를 한다는 것이다. 그 결과 신혼가정의 증가에도 불구하고 출생률은 도상국 전체 평균을 크게 밑돌고 있다.

'한 자녀'는 더욱 귀엽다

한 자녀 정책은 중국의 기본 국책이 되어 있다. 상벌조치를 포함하여 그 방식은 외국인의 눈에 인권침해로 보일지 모르겠지만, 성과는 상당하여 추진된 후의 자연증가율은 1퍼센트대로 억제되고 있다.

한 자녀 정책은 도시에서 철저하여, 고학력 여성의 경우 합계특수출생률(한 여성이 평생 낳는 자식의 평균 수)이 낮다. 그러나 농촌에서는 전통적인 '다자다복(多子多福)'의 편견 때문에 농가단위의 청부제가 시행된 뒤로 벌금을 각오하고 두 명이나 세 명까지 낳는 경향이 강해, 2000년에 13억을 돌파하는 것은 불가피한 상황이다. 2020년 내지 2030년에 15억이 되고, 이를 절정으로 감소되는 경향으로 돌아설 것이라는 예측도 있다.

분포의 불균형

성(省)별 인구로 보았을 때 가장 많은 것은 쓰촨(四川) 성으로 1억 1천만 명이다. 다음으로 허난(河南)과 산뚱(山東)이 8천만대, 장쑤(江蘇)·꽝뚱(廣東)·허뻬이(河北)·후난(湖南)이 6천만

대, 안후이(安徽)와 후뻬이(湖北)가 5천만대로 이어진다.

인구분포는 극히 불균형을 이루고 있다. '자연환경' 부분에서도 기술했지만, 아이후이(璦琿)－텅충(騰衝) 라인의 서부는 면적 57퍼센트에 인구는 10퍼센트도 못 된다. 이에 반해 동부는 면적 43퍼센트에 인구는 90퍼센트 이상이다. 인구밀도가 가장 높은 곳은 장쑤(江蘇) 성으로 600명대, 산똥과 허난은 500명대다.

도시와 농촌의 인구분포 상황을 보면, 1949년에는 10 대 90이었던 것이 오늘날에 와서는 26(市 18.5, 鎭 7.5) 대 74로 변했다. 변화의 정도가 그다지 크지 않았던 것은 정부가 주민등록을 도시부와 농촌부로 나누어 후자에서 전자로의 전입을 엄격하게 제한하고 있기 때문이다. 그러나 최근 수년 사이에 농촌에서 표면화된 잉여노동력이 직장을 찾아 대도시, 그리고 연해(沿海) 지방 및 경제특구에 수천만 명 단위로 유입되어, 주민등록제도라는 도시 유입을 막는 '성벽'은 사실상 붕괴되기 시작하고 있다.

다음으로 인구의 질을 보면, 문맹 · 반(半)문맹이 감소되었다고 할 수 있는 1990년의 조사에서도 여전히 1억 8천만 명으로, 전 인구의 15.9퍼센트다. 이는 전국 평균의 비율이며, 내륙의 농촌에서는 25퍼센트 전후가 된다. 그 중 성인여성만을 놓고 보았을 때 반수 가까이가 문맹 혹은 반문맹이다. 또 신체장애자는 5천만 명이라 한다. 국가에 따라 기준이 달라 한 가지로 논할 수는 없겠지만, 인구대비로 보았을 때 높은 편이라 할 수 있다.

성비(性比), 즉 신생아의 남녀 비율 문제도 있다. 통계에 의하면 중국, 특히 농촌에서의 신생아 비율은 세계 평균보다 높다. 이는 대를 이을 노동력으로서 남자를 얻고자 하는 바람이 얼마나 뿌리깊은가를 잘 반영해주는 것이라 하겠다.

56개 민족이 공생

중국은 56개의 민족으로 이루어진 다민족 국가다. 한족이 압도적으로 92퍼센트를 차지하고 있지만, 그 비율은 점차 하강추세에 있다(1953년에는 93.9퍼센트, 1982년에는 93.3퍼센트). 이는 '한 자녀 정책'이 주로 한(漢)족 중심으로 추진되었고, 소수 민족에게는 엄격하게 적용되지 않았기 때문이다. 또 이전에는 자신이 소수 민족이라는 것을 은폐하고 있다가 공공연하게 말할 수 있는 상황이 되어, '민족적(民族籍)'을 옮기는 사람이 늘어났기 때문이기도 하다.

소수 민족 중 가장 많은 것은 좡족(壯族)으로 1,560만 명이며, 다음으로는 만저우족(滿州族)이 980만, 후이족(回族)이 860만이다. 100만 이상의 민족이 18개다. 가장 적은 민족은 티베트에 사는 로빠족(珞巴族)으로 2,312명(1990년 조사)이다.

만저우족(滿洲族)과 후이족(回族)은 중국어 및 한자에 '동화' 되었지만, 대부분의 소수 민족은 자신들의 언어를 갖고 있다. 또 여러 가지 전통적 문화와 풍속습관도 지켜나가고 있다. 그들 중 대부분이 변방이나 산간지방에 있는 것은 역대로 한족 지배자들의 억압으로부터 피난을 가야 했던 역사에 기인하는 것이다. 소수 민족의 거주지역은 국경에 가까우며, 지하자원, 삼림자원, 동식물 자원의 보고이기도 하다. 이러한 까닭에 중국 정부는 여러 가지 우대정책을 취해, 56개 민족을 합쳐서 '중화민족'을 결집시키는 데에 힘을 쏟고 있다.

예컨대 행정면에서는 '민족자치'의 방식을 취해, 1992년 말 현재 성(省)급 자치구가 5개, 지구(地區)급 자치주 및 맹(盟)이 38개, 현(縣)급의 자치현 및 기(旗)가 175개 있다. 이들 자치지역에서는 그 지방 출신자가 장(長)이 되며, 그 민족 문자가 한자와 함께 공식문자가 된다.

물가면에서는 외지에서 운반되어 온 공업제품을 싸게 판매하는 반면 그 지방 특산품은 비싸게 매입하여 차액은 정부가 부담한다. 인구정책은 앞서 서술한 대로지만 각급 인민대표(의원)에서부터 대학의 신입생에 이르기까지 소수 민족에게는 일정한 비율의 인원수가 설정되어 있다. 국회의원에 해당하는 전국인민대표 3천 명 중 소수 민족의 비율은 1988년 개선(改選) 7기 때가 14.9퍼센트, 1993년 개선 8기 때가 14.8퍼센트다. 아무리

길가에 농작물을 내다 파는 타이족 여성(윈난 성)

인구가 적은 민족이라도 최소한 1인의 대표가 선발된다. 이는 '소수 민족'이라는 '선거구'가 있을 뿐만 아니라 각 성·직할시·자치구에서의 간접선거에서 선출될 때 '배려'되기 때문이기도 한 것이다. 중국 화폐인 인민폐(人民幣)의 지폐에는 한자 이외에 소수 민족 문자도 네 종류 인쇄되어 있다(167쪽 참조).

이러한 우대조치에도 불구하고 티베트 등에서 보이는 것과 같이 독립 혹은 완전자치의 요구는 사소한 사건을 계기로 촉발되어 확대되기도 한다. 민족문제의 복잡성은 외국인의 상상을 초월한다.

국기(國旗) · 국장(國章) · 국가(國歌)

중국, 정확히 말하면 중화인민공화국은 1949년 10월 1일에 수립되었다. 국기는 붉은 바탕에 황색의 커다란 별, 그리고 그것을 둘러싸고 네 개의 작은 별을 배치하였기 때문에 '오성홍기(五星紅旗)'라 불리기도 한다. 도안은 3천 점 가까운 응모작품 중에서 쩡리엔쑹(曾聯松)의 도안이 선택되어, 신정권 탄생을 준비하던 1949년 9월의 정치협상회의에서 정식으로 결정되었다. 붉은 바탕은 혁명을, 황색 별은 광명을 나타내는 동시에 황색 인종을 표시하는 것이라 한다. 큰 별은 중국 공산당을, 나머지 네 개는 건국 당시의 네 계급(노동자계급, 농민, 도시 소부르주아, 민족 부르주아)을 의미한다. 공산당의 지도와 함께 각 민족 인민의 대단결을 상징하는 것이라고 설명하기도 한다.

국장은 중앙에 다섯 개의 별이 비추고 있는 티엔안먼(天安門)이 있고, 그 주위에는 톱니바퀴와 쌀 · 밀의 이삭이 배치되어 있다. 티엔안먼은 5 · 4운동의 시발지이자 신중국 건국이 선언된 곳이기도 하다. 톱니바퀴와 곡식의 이삭은 각각 노동자계급과 농민계급을 상징하는 것이며, 다섯 개의 별은 각 민족의 단결을 보여주는 것이다.

국가인 「의용군 행진곡」은 극작가 티엔한(田漢)과 니에얼(聶耳)이 영화 「풍운아녀(風雲兒女)」의 주제가로 작곡한 것으로, 항일전쟁 시기에 사람들에게 애창되다가 1949년 정치협상회의에서 국가로 제정되었다. 문화혁명 때 티엔한(田漢)이 비판당하고 나서 잠시 동안 불려지지 않았으나 1982년 말부터는 원상회복되었다. 니에얼(聶耳)은 작곡하고 얼마 지나지 않은 시점인 1935년 7월, 국민당에 쫓겨 일본으로 와서 후지사와(藤澤)의 구게누마(鵠沼) 해안에서 수영하던 중 익사했다. 23세의 젊은 나이였다.

한족은 서주(기원전 1050~770년) 경부터 국토를 중국(中國)·중화(中華)·중하(中夏)·중원(中原)이라 부르기 시작했다. 이는 세계의 중앙을 의미하는 말이다. 문자에 의한 기록으로는 『맹자(孟子)』에 "중국(中國)에 군림하며 사이(四夷)를 어루만진다"고 되어 있는 것과 『삼국지(三國志)』『촉지(蜀志)』 5권 『제갈량전(諸葛亮傳)』의 주에 "중화(中華)에 노닐면서 용광(龍光)을 편다"라고 되어 있는 것이 최초의 형태다.

일본에서는 전후(戰後) 잠시 중공(中共)이라 불렸으나, 중일간에 국교가 정상화된 1972년을 전후하여 중국이라는 호칭이 정착되었다.

국기

국장

국가(의용군 행진곡, 義勇軍行進曲)

起來! 不願作奴隸的人們!
일어나세! 노예가 되고 싶지 않은 사람들!
把我們的血肉, 築成我們新的長城!
우리의 피와 살로 새로운 만리장성을 쌓으세!
中華民族到了最危險的時候,
중화민족이 가장 위험한 시기를 맞아
每箇人被迫着發出最後的吼聲.
모두가 마지막으로 외쳐보는 뜨거운 함성
起來! 起來! 起來!
일어나세! 일어나세! 일어나세!
我們萬衆一心, 冒着敵人的砲火前進!
우리 모두 한마음 되어 적들의 총탄 뚫고 전진!
冒着敵人的砲火前進! 前進! 前進進!
적들의 총탄 뚫고 전진! 전진! 전진!

3 음악적 울림

언어

중국어=한어(漢語)

일반적으로 '중국어'라고 하지만, 중국인은 '한어(漢語)'라 한다. 신문이나 도서 등 활자화된 중국어에 대해서는 '중문(中文)'이라고 한다.

앞에서도 이야기했듯이 중국은 다민족국가이나 한족(漢族)이 90퍼센트 이상을 차지하고 있어, 그들의 언어가 중국의 공통어가 되었기 때문에, 우리는 '한어'를 중국어로 배우고 사용하고 있다(본서에서는 '중국어'라 한다).

'한자(漢字)'도 마찬가지로 '한족의 문자'라는 의미다. 일본인이 '가나'에 대한 상대적 개념으로 '한자'라고 하는 것과는 다소 감이 다르다. 한족이 창조한 한자는 가나 혹은 로마자 등의 표음문자가 아닌 표의문자로, 동아시아 일대의 문화에 큰 영

羊部

【羊】㊀ㄧㄤˊ（陽）Yang 图公羊：複姓。图反芻類家畜，有山羊、綿羊等種。㊁ㄒㄧㄤˊ（詳）Shyang 古與「祥」通。

【羊卜】ㄧㄤˊ ㄅㄨˇ 古時燒灼羊的髀骨，視其裂文，以卜吉凶，爲古西戎的習俗。

【羊左】ㄧㄤˊ ㄗㄨㄛˇ 春秋時羊角哀和左伯桃爲好友。比喻友誼深厚的朋友。

【羊舌】ㄧㄤˊ ㄕㄜˊ 複姓。

【羊羔】ㄧㄤˊ ㄍㄠ ㊀小羊。㊁酒名。

【羊酒】ㄧㄤˊ ㄐㄧㄡˇ 羊與酒。古時用以餽贈的禮物。

【羊毫】ㄧㄤˊ ㄏㄠˊ 羊毛製的筆。

【羊脂】ㄧㄤˊ ㄓ 羊油。

【羊腸】ㄧㄤˊ ㄔㄤˊ 比喻曲折的小路。

【羊膜】ㄧㄤˊ ㄇㄛˋ 包覆胎兒外表的膜。

【羊蹄】ㄧㄤˊ ㄊㄧˊ 多年生草，屬蓼科，葉長尺許，形如牛舌，花淡綠色，子如蕎麥，根可做藥。又名牛舌菜。

【羊齒】ㄧㄤˊ ㄔˇ 多年生隱花

'주음부호' 를 사용하고 있는 타이완의 사전

향을 끼쳤다.

중국어는 언어의 계통에서 지나 · 티베트어족에 속한다. 인구가 세계 최대이기 때문에 중국어를 사용하는 인구도 세계에서 가장 많고, 중국 이외에 싱가포르 등 중국계가 국민의 다수인 국가에서도 주요한 언어가 되어 있다. 유엔에서도 중국어는 공용언어이다.

오랜 역사 속에서 중국어는 여러 가지 변화를 거쳐왔지만, 특히 13세기 원(元)이 베이징(北京)에 대도(大都)를 건설하면서부터 베이징은 원, 명, 청대의 수도가 되었고(명대 초기에는 난징이 수도), 베이징어로 대표되는 북방방언이 관공서의 문서에서 사용되었으며 지방으로도 확산되었다. 그 후로 관리가 사용하는 말이라는 의미에서 '베이징관화(北京官話)' 라고 불렀다. '만다린

(mandarin)'은 그 '베이징관화'를 영어로 옮긴 말이다. 또 당시에는 『수호전』『홍루몽』 등의 명저가 전국적으로 애독되었는데, 이 작품들은 모두 북방방언으로 쓰여진 것들로 공통어의 형성에 이바지했다.

1919년의 5·4운동을 계기로 신문화운동이 생겨나면서 서면어와 구두어의 합체가 진전되었고, 또한 국민정부 시대에는 '국어(國語)'가 완성되어 학교에서 가르치면서 보급이 확대되었다. 또 이 시기에는 한자 읽는 법을 표시하기 위한 표음문자로서 37개의 '주음자모(注音字母)'가 만들어졌다. 타이완에서는 지금까지 '주음자모'를 가르치고 있다.

표준어 확립을 향한 행보

중화인민공화국이 수립되면서 공통어의 규범화가 가일층 추진되었다. 1956년에는 '보통화(普通話)'에 있어 ① 발음은 베이징어 음을 표준음으로 하고 ② 어휘는 북방방언을 기초 어휘로 하며 ③ 문법은 현대 백화문의 대표적 작품을 규범으로 한다는 안이 정해졌다. 여기에서 말하는 '보통'이란 일반적이라는 의미

간체자의 예(오른쪽은 생략되기 이전의 상태)

电 — 電	飞 — 飛	妇 — 婦
际 — 際	开 — 開	陆 — 陸
梦 — 夢	庆 — 慶	书 — 書
兴 — 興	远 — 遠	叶 — 葉

에서의 '보통'이 아니라, '널리 통한다'는 뜻으로 보아야 한다.

1956년에서 1964년에 걸쳐 한자의 간화(簡化)가 추진되었는데, 모두 2,236자의 간체자가 공표되어 활자로 사용되었다. 이는 부수 필획의 간략화도 포함하는 것이었다. 또 1,055개의 음과 뜻이 같은 이체자(異體字)가 폐지되었다. "타이완과 홍콩의 신문을 보면 대강 그 뜻을 알 수 있지만, 대륙의 신문은 약자가 많아 읽을 수 없다"고 말하는 사람도 있다. 그러나 한자의 간략화에도 그 나름의 약속이 있는 것이기에 중국어를 배우는 데 약자를 익히는 것은 그렇게 어렵지 않다.

1958년에는 로마자에 의한 '한자병음 방안'이 공표되었다. 이는 한자를 표음문자로 대체하는 것이 아니라 그때까지의 '주음자모'와 같이 한자를 배우기 위한 '토씨'의 역할, 이를 표준음으로 하여 한자의 발음을 통일시키기 위한 수단으로 학교교육 등에서 효과를 높이기 위한 것이었다. 또 국제연합의 지명표

간체자로 쓰여진 간판

준화회의는 '병음'을 사용해 중국 지명을 표기하기로 결정했다. '병음' 표기법에 의하면 '페킹(Peking)'은 '베이징(Beijing)'이 되는 것이다. '병음'은 '주음자모'와 비교할 때 이어 쓰기가 가능한 것은 물론이고, 로마자로 되어 있기 때문에 외국인이 읽기 쉽다는 점 등에서 우월성을 인정받고 있다.

대륙의 '보통화(普通話)', 타이완의 '국어(國語)', 홍콩을 비롯한 해외의 '화어(華語)'는 발음이 약간 다르고(輕聲 유무, 兒化 유무 등), 어휘가 다소 다르다는 차이점 등이 있지만, 기본적으로는 같으며 잘 통한다. 최근에는 교류가 활발해짐에 따라 그 차이점도 점차 축소화되는 경향을 보이고 있다. 또 한자 간략화가 한층 더 진전되고 있다는 관측도 있지만, 홍콩·타이완과의 교류에 따라 오히려 역으로 번체자의 부활이 상점 간판 등을 통해 눈에 띄기도 한다.

한편 홍콩이나 화교사회에서는 간체자와 '보통화'를 배우려는 사람들도 증가하고 있다. 「인민일보」의 해외판은 처음부터 줄곧 번체자를 사용해왔지만, 후에는 간체자로 바뀌었다. 이는 해외독자들로부터 '애써서 간체자를 배웠는데 이에 역행하지 않기를 바란다'는 의견개진이 있었기 때문이다.

여러 가지 방언

중국의 현행 헌법은 "국가에서는 전국적으로 통용되는 '보통화'의 보급을 도모한다"(제19조)고 규정해놓고 있다. 이만큼 공통어의 보급이 강조되는 것은 중국어에 방언의 차이가 커서 사람들간의 교류와 사회생활에 불편과 지장을 초래하는 경우가 많기 때문이다. 베이징(北京) 사람이 광똥(廣東)에 가면 마치 외국에 가 있는 것 같은 느낌을 갖는 것은 상대방이 사용하는 방언이 도통 무슨 말인지 알아들을 수 없기 때문이다. 중국어의 방언은 다음의 7가지로 크게 나뉜다.

- 북방 방언 : 북방뿐 아니라 서남 지방도 포함하여 한족의 70퍼센트가 사용하고 있다. 북방 방언 내부의 차이는 그다지 크지 않다.
- 우(吳) 방언 : 저장(折江) 성 및 장쑤(江蘇) 성의 일부
- 샹(湘) 방언 : 후난(湖南) 성
- 깐(贛) 방언 : 쟝시(江西) 성
- 커쟈(客家) 방언 : 광똥(廣東)·쟝시(江西)·푸지엔(福建) 등의 성에 산재해 있다.
- 아오(粵) 방언 : 광똥(廣東) 성·허난(海南) 성·광시(廣西) 자치구. 광똥어를 말한다.
- 민(閩) 방언 : 푸지엔(福建) 성·타이완(臺灣) 성. 푸지엔어를 말한다.

이들 방언의 주요한 차이점을 보면, 발음에서 두드러진 차이를 보이고 어휘에서도 약간 차이가 있다. 문법은 조금밖에 차이가 없다. 또 우(吳) 방언 이하 각 방언은 각기 내부에서도 다소나마 차이를 보이는데, '십리부동음(十里不同音)'이라고 하여 5킬로미터만 가도(즉 산 하나만 넘으면) 발음이 같지 않다. 민(閩) 방언은 민북(閩北 : 福州)과 민남(閩南 : 厦門)으로 나뉘는데, 타이

완어는 민남 방언이다.

발음의 차이가 크다고는 해도 같은 중국어인 이상 당연히 공통점이 있다. 또 발음은 모두 '1한자 1음절'이다. 단어도 1자(1음절)로 된 것이 많은데, 그것이 결합하여 새로운 단어를 만들어낸다(예외도 있지만). 가장 두드러진 특징은 성조(4성)에 있다. 영어와 같은 강약 액센트가 아니라 고저 액센트이기에 네 종류의 성조를 함께 섞어서 말하거나 읽을 때는 듣는 사람에게 음악적 울림을 준다.

중국어는 '조사'도 어미 변화가 없다. 문법적 관계는 단어의 배열(어순)에서 거의 결정된다. '워츠판(我吃飯)'은 '나는 밥을 먹는다'이고, '판츠워(飯吃我)'는 '밥이 나를 먹는다'가 된다. 또 동사가 앞에, 목적어가 뒤에 배치되므로, 부정인가 긍정인가

중국어 방언지도

는 술어의 앞부분에서 명확해진다. 중국어가 논리적이라는 것은 이러한 문법구조와도 관계가 있다.

한자어와 중국어

한자문화권에서 생활하는 다른 나라 사람이 중국어를 배우기가 쉬울까, 어려울까? 쉽다고 할 수도 있고 어렵다고 할 수도 있다.

쉽다고 하는 것은 우선적으로 어릴 때부터 한자를 익혀왔다는 점이다. 실로 적지 않은 한자의 음과 뜻을 알고 있어, 이 점에서는 다소 편하다. 또 어떤 한자사전에는 음과 뜻 아래에 '중국어 현대음'이 추가되어 있다.

어려운 것은 무엇보다 발음이다. 중국어에는 성모(聲母 : 자음에 해당)가 21개, 운모(韻母 : 모음에 해당)가 39개 있는데, 여기에 앞에서 말한 4성이 추가된다.

또 한 가지, 어렵다기보다 '함정'이라는 편이 적절하겠지만, 같은 한자이면서도 각국의 언어 내에서 각기 의미가 다르거나 느낌이 다른 경우가 적지 않다. 한자를 섣불리 알고 있다가는 주사위의 반대면이 나오게 된다. 중국어는 어쨌거나 외국어인 것이다.

4 지금까지도 살아있는 전통

사상과 종교

생동하는 유교문화

근대화의 추진과정에서 중국을 포함한 동아시아의 경제성장이 유교문화에 크게 힘입었다는 견해가 제기되었다. 물론 성장의 저변에는 서구 근대문명의 흡수라든가 수출 지향의 공업화 전략 등 여러 요소가 있겠지만, 유교에서 온 부지런함, 교육열, 질서 존중 등의 요인이 긍정적으로 작용했던 것도 사실이다. 그러한 견해가 제기되었던 것 자체가 유교를 중심으로 하는 전통적 사상과 종교가 현대에도 살아 있다는 것을 여실히 말해준다.

중국인의 심층에 유교적 발상이 존재한다는 것은 그 긴 역사로 보았을 때 당연한 일이다. 중국 사상사를 간략히 개관해본다면 다음과 같다.

제1기 : 은주(殷周)에서 한초(漢初)까지(기원전 12세기~기원전 2세기)

황허 문명의 정신문화가 순조롭게 발달하여, 공자(孔子)를 위시한 제자백가의 사상이 경연(競姸)했다.

제2기 : 한초에서 당말(唐末) 오대(五代)까지(기원전 2~10세기)

왕조제와 결합하여 유교의 권위가 확립되고, 뒤이어 고정화하면서 불교, 도교도 대두했다.

제3기 : 송초(宋初)에서 청말(10~19세기)

유교가 새롭게 해석되면서 다시금 생명을 회복했다.

제4기 : 청말 아편전쟁 이후

서구세계로부터의 충격으로 인해 전통사상의 근본적 변혁이 절실히 요구되었다.

이상의 파악과 같이 유교는 매시기에 등장했다. 그렇게까지 침투하게 된 것은 한무제 때 유교가 국교로 정해지고 수(隋)대에서 청말에 이르기까지 과거제도에서 유교의 고전인 사서(四書 : 『대학〈大學〉』『중용〈中庸〉』『논어〈論語〉』『맹자〈孟子〉』)와 오경(五經 : 『역경〈易經〉』『서경〈書經〉』『시경〈詩經〉』『예기〈禮記〉』『춘추〈春秋〉』)이 필독서가 되었기 때문일 것이다. 생활의 규범을 고대인의 언행에서 구하려는 습관이 정착되었던 것이다.

이 점에 관해서는, 그러한 정치가 있었기 때문에 광대한 중국이 오랫동안 통일을 이루고 고도의 문화생활을 영위하였으며, 역사적 사실을 존중하는 기풍이 배양된 반면 사색(자연과학 등)의 발전이 저해되고 과거의 것만을 신봉하며 다른 문화를 경시하는 경향이 생겨났다는 견해가 있다.

부정적 측면을 들자면, '과거의 맹신'으로 인해 주변의 여러 민족을 동이(東夷), 서융(西戎) 등으로 표현하여 야만인으로 규정하고 스스로를 고립시켜 '중화사상'을 육성하는 한편, '이(異)문화에 대한 경시(輕視)'로 인하여 산업혁명 이후의 근대문명을 받아들이지 않음으로써 결국 중국을 반식민지화하는 결과를 낳았다는 면을 지적할 수 있다.

반발 속에서

여기에 반발하여 제4기에는 캉여우웨이(康有爲)의 변법운동(1898년), 쑨원(孫文 : 1866~1925)의 삼민주의, 5·4운동(1919년)의 뒤를 이어 사회주의와 중국 공산당의 혁명운동이 등장했다. 캉여우웨이와 쑨원은 모두 민족주의자로서의 측면이 강해, 『예기』 이래의 전통적 대동사상(모든 차별을 제거하고 평등한 세계를 지향)을 기반으로 하고 있다. 초기 마오쩌뚱도 그러한 경향이 강했다. 마오쩌뚱(毛澤東) 사상이 공식용어로 정착된 것은 1945년 7전대회에서 "중국 공산당은 마르크스 레닌주의 이론과 중국 혁명 실천의 통일사상으로서 마오쩌뚱 사상을 견지하여 당의 모든 활동에 있어 지침으로 한다"고 당규약에 포함되면서부터였다.

문화대혁명 중 유교는 '봉건지배의 사상적 지주'라는 비난을 받았으며, 공자 비판과 사구(四舊 : 낡은 문화, 사상, 풍속, 습관) 타파가 제기되었다. 그러나 마오쩌뚱은 역대 황제와 마찬가지로 하늘로부터 위임받아 세상을 통치(天·地·人의 三才說에 기초)하는 인물로 받들어졌고, 그의 카리스마적 권위가 홍위병들을 움직여 마오쩌뚱 어록을 흔들며 '충(忠)자 춤'을 추도록 했

취푸(曲阜)의 공자묘(大成殿)

다. 여기에서도 사회주의와는 이질적인 전통이 느껴진다.

1980년대 이후 공자에 대한 재평가가 시작되면서, 1989년부터는 산똥(山東) 성 취푸(曲阜)에서 공자문화제가 부활했다. 심포지엄에서는 정부의 수뇌급 인물이 『논어(論語)』에 나오는 "화합을 귀하게 여긴다"는 대목을 인용해가며 "민족문화와 외래문화를 융합하여 사회주의 문화를 발전시키도록 한다"는 발언을 하기도 했다.

어느 것에도 장점과 단점이 있다. 근본부터 부정하기보다 실사구시(實事求是 : 『漢書』 『河間獻王傳』에 나옴)의 입장에서 "공자에서 손중산(孫中山=孫文)까지를 총괄하여 귀중한 문화유산을 받아들여야 한다"(『毛澤東選集』 제2권 『민족해방전쟁에 있어 중국공산당의 지위』)는 입장이 기본적으로 관철되고 있다.

이에 대하여 "전통문화의 가장 큰 특징은 윤리 중심주의라는 것이다. 이 가치원칙은 타파되어야 하며, 자아주체를 확립하여야 한다. 민주정신과 과학정신이야말로 중국 민족에게 가장 부족한 부분이다"라는 주장이 있다. 1988년 중국에서 방영된 TV 프로그램 「하상(河殤)」은 그러한 관점에서 중국 문화의 폐쇄성, 퇴영성, 무능성을 문명론적으로 공격했다.

인구증가를 고민하는 중국은 한 자녀 정책을 실시해오고 있지만, 그것이 반드시 지켜지지는 않고 있다. 그 배경으로는 『시경(詩經)』「도요(桃夭)」에 보이는 생식숭배, 『맹자(孟子)』「이루장(離婁章)」에 언급된 "불효에는 세 가지가 있는데, 대를 이을 자식이 없는 것이 최대의 불효다"라는 내용에서 보이는 다자다복사상 등을 들 수 있다.

대체로 생활습관의 내부에 남아 있는 전통을 인식하고 그 선과 악을 논하는 것보다 생활 그 자체의 변화 속에서 취사선택해야 하는 것이 아닐까.

도교와 불교

다음으로 제2기에 대두한 도교와 불교를 살펴보자.

도교는 중국 고유의 종교로 1,700여 년의 역사를 갖고 있는데, 남북조에서 당송대에 걸쳐 성행하였다. 태상로군(太上老君 : 老子)을 시조로 신봉하며 노자의 『도덕경(道德經)』을 주요한 교전으로 하는 일종의 다신교다.

불교는 인도에서 전래하여, 수·당대에 전성기를 맞는다. 한어계(漢語系, 주로 한족이 신봉), 티베트어계(티베트족, 몽골족), 발리어계(타이족, 프란족)로 나누어진다.

한때 중국의 종교라 하면 유불도(儒佛道)의 3교, 혹은 3교의 혼합이라 언급되었다. 그러한 관점에서 다음과 같이 해석하기도 한다.

- 유교=초혼재생(招魂再生) : 가족의 제사에 의한 현세로의 재생
- 도교=불로장생(不老長生) : 자기 노력에 의한 불로장생
- 불교=윤회전생(輪廻轉生) : 인과와 운명에 기초한 윤회전생

하지만 일반적으로 중국 사상에는 종교적 · 철학적 요소가 적고, 중국인은 현실적 · 즉물적이다. 따라서 도교의 '불로장생'은 죽음의 불안, 공포에 대한 해결법으로서 민중의 강력한 지지를 받게 되었고, 생활습관의 각 분야에 영향을 미쳤다.

풍부하고 다채로운 중국 요리는 도교사상이 있었기에 발달할 수 있었다. "식(食)은 민(民)의 본(本)이다"(『通玄眞經』), "민사(民事)의 급한 것으로 식(食)보다 더한 것은 없다"(도교 서적인 『化書』에 기록된 것과 같이 불로장생은 음식물의 영향을 크게 받는다고

향을 피우는 사람들

인식하여 먹는 것에 세심한 주의를 기울였다. 기공, 태극권, 삼림욕 등도 이러한 계보에 속한다).

신앙생활의 현재 상황

1949년 이후 중국은 종교를 장려하지도, 부정하지도 않았다. 무신론의 입장에 선 사회주의 국가로서는 금지해야 했지만, 금지한다고 해서 간단히 해결될 문제가 아니라서 오히려 혼란만 초래했다. 1954년의 헌법은 "중화인민공화국의 공민(公民)은 종교와 신앙의 자유를 갖는다"고 명기한 반면, 종교를 믿지 않을 자유와 무신론을 선전할 자유도 인정했다.

당시 중국의 종교는 불교가 라마교(티베트 불교)를 포함해서 사원 5만, 승려 50만, 신도 1억이었다고 추산되며, 도교와 이슬람교(651년에 전래)가 각 1천만 명, 기독교는 카톨릭(1582년 전래) 300만 명, 기독교(19세기 이후)가 80만 명이었다(중국 정부는 유교는 종교로 인정하지 않는다).

그러나 문화대혁명은 상황을 일시에 바꾸어놓았다. 홍위병 운동의 와중에서 사원, 도관(道觀 : 도교 사원)이 파괴되었고, 승려와 도사는 농공업에 종사할 수밖에 없었다. 그러한 상황이 1960년대에서 1970년대까지 줄곧 계속되다가, 1982년 헌법에서 "어떠한 국가기관, 사회단체, 또는 개인도 공민에게 종교를 믿거나 믿지 말라고 강요할 수 없으며, 종교를 믿는 공민과 종교를 믿지 않는 공민을 차별해서는 안 된다"고 정해져 문혁 이전의 상황으로 복귀하였다.

종교생활의 현재상황에 대해 중국에서 발행하는 『베이징 주보(北京週報)』에는 "주요한 종교는 불교, 도교, 이슬람교와 기독교이며, 신자수는 약 1억 명(11억 인구의 10퍼센트 미만)"이고(1989년 33호), "불교는 신도수가 가장 많지만, 한족의 불교신도는 필요한 경우에만 믿고 평소에는 믿지 않는 사람이 많아 정확한 인원수를 통계내기란 매우 어렵다" "도교는 한족이 거주하는 농촌에서 현재 큰 영향력을 행사하고 있다" "이슬람교는 후이족, 위그루족 등 10여 개 민족에 1,600만 명의 신도가 있다"(1992년 29호) "기독교 신자수는 카톨릭 350만, 기독교 450만 명으로 추정된다"(1991년 44호)고 기록되어 있다.

건국 초기와 비교하면 이슬람교도, 기독교도의 증가는 주목할 만하다. 기독교를 믿게 된 이유로 "현재 당풍(黨風)과 사회풍조가 매우 나쁘다. 직권을 남용해 사적 이익을 취하고 뇌물이 오가며 사기, 횡령, 유괴, 매춘 등의 문제가 많다. 그런데 교회에 나가 찬송가를 부르면 마음이 상쾌해진다"(『베이징 주보』 1989년 33호)는 경우도 있다. 이것도 전통의 부정적 측면에 대

이슬람교 사원(내몽골 자치구)

교회에서의 미사(베이징)

한 반발이라 할 수 있을까.

종교에 관해서 당국이 가장 경계하고 있는 것은 민족문제, 외국세력의 영향으로 생기는 분쟁이다. 1959년 인도로 망명한 달라이 라마는 흔들림 없이 티베트의 독립과 신앙(라마교)의 자유를 주장했다. 이것은 라사에서의 반정부운동을 뒷받침했다. 또 신장(新疆) 위그루 자치구에서는 이슬람교도의 데모, 폭동, 국지적 소란이 빈발하고 있다. 지린(吉林) 성 옌볜(延邊)의 조선족 자치구에서는 1990년대 이후 한국계 기독교의 영향이 막강하다. 1994년 1월에는 외국인의 포교를 금지하는 '외국인 종교활동 관리규정'이 시행되었다.

5 특징이 뚜렷하다

민족성

넓이와 다양성

'동문동종(同文同種)'이라는 말이 있다. 같은 문자를 사용하고, 같은 아시아 인종이라는 공통점을 들어 교류의 긴밀화를 꾀하는 경우에 자주 사용되는 표현이다. 그러나 서로 다른 점이 있다는 인식 아래 서로를 이해하고 오랜 기간에 걸친 교제를 계속 이어나가려는 노력이 필요하다. 지구촌에서 이웃간이라고는 해도 기후, 풍토, 역사가 다르면 습관과 가치관, 발상이 다른 것은 당연하기 때문이다.

12억의 중국인 가운데 극히 일부의 소수 민족을 제외하면 대부분은 담갈색의 피부, 흑갈색의 곧은 머리카락, 검은 눈동자, 적은 체모 등 동아시아 민족의 특징을 갖추고 있다. 그러나 골격에서도 지역차가 보인다. 신장면에서 보면, 화북에 사는 사람은 키가 크고 화중, 화남을 거쳐 남쪽으로 올수록 작다.

지역차이는 외모와 성격으로 결정된다. 개략적으로 소개하면 다음과 같다.

- 화북인 : 넉넉하며 관용적이고, 다른 사람의 잘못을 허용할 줄 안다. 정의감이 강하고 곰상스런 기교를 혐오한다. 덩치가 크고 힘이 세며 무인으로서의 특징을 갖추었다. 단결심이 강하나, 다소 배타적이고 융통성과 유연성이 부족하다.
- 화중인 : 얼굴은 길고 둥근 편이다. 콧날을 통해 말끔한 인상을 준다. 약간 허세를 부리는 경향이 있으며, 내용보다도 겉으로 드러난 화려함을 좋아한다. 그러나 선견지명과 시대를 앞서가는 능력을 타고난 데다가 실천력이 강해 사업에 성공한 예가 많다.
- 화남인 : 몸집이 작고 얼굴은 직사각형이며, 볼과 턱이 통통한 편이다. 넓은 이마, 둥근 코, 짙은 눈썹, 얇은 입술이 특징이며, 성격은 인내심이 강해서 고통을 잘 참아내며 단결력이 있고 미래에 대한 통찰력이 남다르다. 리더십도 뛰어나다.

일반적으로 중국인은 근면하고 장사수완이 있다고 한다. 위의 분류에서 보면 화중·화남 지역인들이 특히 여기에 해당한다. 그 이유는 꽝뚱(廣東), 상하이(上海), 푸지엔(福建), 저장(浙江) 성 등 여러 도시가 오래전부터 개항장(開港場)이어서 외국인과의 접촉이 많았기 때문이라 한다.

중국은 넓고도 다양하다. 화북의 건조지대는 소맥과 옥수수, 고량을 주식으로 하는 데에 반해 화중·화남 지역은 강우량이 높아 벼농사에 적합하다. 이와 마찬가지로 성격, 언어, 풍속, 습관도 지방에 따라 다르다. 중국인의 여러 가지 존재방식을 이해하고 그 기반 위에서 사귄다는 자세가 필요할 것이다.

생활 속에서

지역마다의 차이를 인식하고 그 속에서 중국인 전체에 공통되는 특징으로서 생활양식을 지적할 수 있다. 의식주 가운데 주(住)생활이 특히 그러하다. 일본과 비교해보면, 일본의 전통가옥은 목조로서 다다미에 이부자리를 펴고 자지만, 중국인은 기본적으로 흙으로 만든 집에서 살며 침대와 의자와 테이블을 사용한다. 또 일본의 가옥은 주위에 창과 덧문(비바람을 막는)을 달아 개방적인 반면에, 중국에서는 주위를 벽으로 둘러싸고 창은 가운데 뜰을 향하게 한다. 주생활은 오히려 유럽과 공통점이 많다.

식생활도 비슷한 것 같지만, 자세히 관찰해보면 상당히 다르다. 중국 요리는 거의 불을 사용하는 데 반해, 일본에서는 삶고 굽는 요리 외에 생선회도 먹는다. 두 나라 모두 젓가락을 사용하지만 중국의 것은 길며 앞이 뾰족하지 않다. 알다시피 중국요리는 처음부터 한 사람 앞에 먹을 만큼의 분량을 나누어놓지 않고, 테이블의 큰 접시에서 덜어 먹는다. 잔뼈가 많은 생선 종류보다 육류가 중심이기 때문이다. 술을 마실 때도 일본인은 각

전통적 주거양식 '쓰허위엔(四合院)' (베이징)

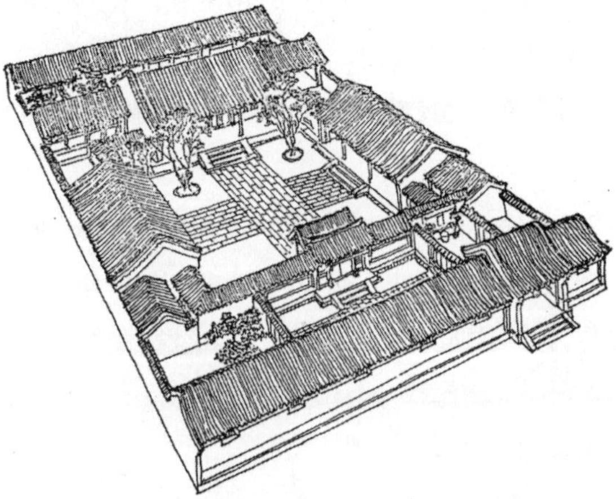

자 편한 대로 마시지만 중국인은 반드시 좌중의 모든 사람을 부추겨 '건배'를 하기 때문에 주의해야 한다.

몇 가지 특성

민족성에 대해서는 중국에서 오래 거주한 일본 오비린(櫻美林) 대학의 시미즈 야스조(清水安三) 학장이 일찍이 『지나(支那)의 마음』에서 다음과 같이 말했다.

"양국 국민은 똑같이 동아시아에 살면서도, 마치 다른 세계에 사는 것 같다. 중국인은 정련되어 있으나 일본인은 거칠고, 중국인은 원숙한 신사이나 일본인은 모난 야인(野人)이다. 중국인은 노숙하지만 일본인은 예리하고 사납다. 중국인은 설사 거짓말을 할망정 원활함을 바라고, 일본인은 다투어도 좋을망정 정직하고자 한다. 중국인은 심리가 복잡하지만 일본인은 단순하다. 중국인은 지속성을 중시하나 일본인은 성격이 매우 급하다. 일본인은 기백 있게 일을 추진하지만, 중국인은 집요하게 달라붙는다."

이런 내용을 읽고 정곡을 찌르는 지적에 감동했던 기억이 난다.

그 후 필자는 잠시 베이징에 머물면서 관찰을 계속하는 한편, 각종 문헌을 보다가 중국인의 민족성을 다음 네 가지로 정리해놓은 것을 보게 되었다. 우선 그 요점을 소개한다.

1. 역사와 경험 중시

중국인이 경험을 중시한 데에는 유교와도 관련이 있다. 중국에서는 옛부터 오경(五經)에 인간생활에 필요한 도리가 담겨 있어, 오경을 읽는 것이 필수교양으로 되어왔고, 그러한 관행이 큰 영향을 미쳤다. 한의학, 손자병법(孫子兵法), 혹은 바둑의 정석에도 선조로부터 전래된 지혜의 결과가 집대성되어 있다. 현대에는 마오쩌뚱(毛澤東)의 『실천론(實踐論)』과 같은 저작이나, 떵샤오핑(鄧小平)이 강조하는 '실사구시(實事求是 : 사실에 기초하여 법칙성을 찾는다)', 저우언라이(周恩來)의 '전사불망, 후사지사(前事不忘, 後事之師 : 앞일을 잊지 않으면, 나중에 일을 하는 데에 스승이 된다)' 같은 언급들에서도 공통된 점이 있다.

흔히 "중국인은 상대를 신뢰하면 언제까지나 소중하게 여긴다"라고 하는데 이것도 경험을 중시하는 것과 통한다. 중국 사람들이 중일관계 개선에 힘쓴 마쯔무라(松村謙三)를 높이 평가하고, 국교정상화를 실현한 다나카 가쿠에이(田中角榮)가 수상직을 물러난 후에도 그에게 경의를 표하는 것은 그런 이유에서다. 반대로 중일전쟁에 대한 깊은 상처를 아직도 간직하고 있기에, 나카소네(中曾根) 수상이 A급 전범이 안장되어 있는 야스구니 신사(靖國神社)에 공식 참배하자(1985년), "전쟁의 죄를 덮어 숨기고 전범을 '민족의 영웅'으로 미화하고 숭배하기조차 한다"고 비난하기도 했다.

2. 동양적 도덕심

중국어의 욕 중 '왕빠단(忘八蛋)'이라는 것이 있다. '여덟 가지를 잊었다'라고 했을 때의 '여덟'은 효제충신예의염치(孝悌忠信禮義廉恥)를 말한다. 그것의 밑바닥에 있는 것은 공자의 도덕론으로, 인(仁 : 인간애)이라 할 수 있다. 아무리 사회주의 국가라 해도 중국인에게 면면히 흐르고 있는 것은 거역될 수 없다. 전쟁 직후의 혼란기에 잔류 고아들을 키웠던 것도 그러한 마음의 표현이다. 솜씨 좋은 중국인의 교제방식은 『논어』의 첫머리에 나오는 "벗이 먼 곳에서 오니 이 또한 기쁘지 아니한가"라는 구절을 연상케 한다.

유교적 도덕윤리가 역사적으로 중시된 결과 법치제도가 쉽게 정착되지 않은 것은 부정적 측면이다. 대약진과 문혁시기에 마오쩌뚱의 의지가 법보다 우선하여 비극을 초래하였고, 형법과 형사소송법이 1979년에 간신히 제정된 것은 그 단적인 예다. 중국과 경제교류를 할 때 관련 법규가 정비되어 있지 않고 법이 지켜지지 않는다고 고충을 토로하는 것을 여러 차례 들었다.

3. 균형감각

중국인은 세계에서 가장 현실적인 사람들로, 어떤 한 가지 관념이나 신앙 혹은 철학의 학파를 마음속 깊이 신뢰하지는 않는다. 오히려 어떤 한 가지 생각을 세우면, 그것과 대립 혹은 모순되는 형태를 합치시켜 검토한다(린위탕〈林語堂〉, 『생활의 발견』)고 한다. 이러한 균형감각의 기초는 이원론적 발상과 중용 정신이다.

중국에 옛부터 전해져온 음양이원론은 모든 사물을 서로 다른 두 개의 근본 원리로 설명하려는 것으로, 남녀, 천지, 고금(古今), 동서, 좌우 등 열거하자면 끝이 없다. 그러나 중요한 것은 그러한 긍정적 요소와 부정적 요소가 서로 대립하여 싸우는 것이 아니라 서로 소유하고 소유되면서 조화를 이루어 균형을 유지하며 존재한다는 점이다. 또 단순히 둘로 나뉘었다가 타협하는 것이 아니고 대립·모순을 거쳐 어떻게 통일을 이루어가는가가 중요하다.

이것을 민족성에 비추어 이야기한다면, 중국인은 쉬운 것을 놓고 다투지 않고 힘 앞에서는 굴복한다고 할 수 있는데, 어떠한 상대에게도 형편을 맞추어주면서 좀처럼 자기 자신을 잃는 법이 없고, 불성실한 생활태도 속에서도 오히려 쉽게 타협하지 않는 저항력을 갖고 있다고 한다.

1949년 이후 중국이 혁명과 건설, 정치와 경제, 급진과 온건을 서로 엇섞어가며 발전해왔던 것, 혹은 최근의 경제성장에 있어 성장의 가속과 안정을 반복하면서도 조화와 균형을 모색해왔던 것을 볼 수 있다.

4. 장기적 시야

구체적 사례로는, 홍콩의 주권반환에 관한 중·영 양국간의 교섭에서 1국가 2제도(중국 내에서 50년간은 사회주의의 본토와 자본주의의 홍콩이 공존을 꾀한다는 내용)를 제창하여 근대화를 추진하고, 건국 100주년이 되는 2049년까지는 중진국 수준에까지 도달한다는 긴 호흡의 구상을 들 수 있다.

중일관계에서 댜오위따오(釣魚島 : 일본에서는 尖閣列島라 함)의 영유권을 둘러싸고 대립하고 있을 때, 떵샤오핑 당시 부총리가 "어떠한 경우에도 급하게 해결하려 해서는 안 된다. 우리에게 좋은 지혜가 떠오르지 않으면 다음 세대가 생각해내겠지"(1978년 10월)라고 했던 말이 생각난다.

위의 네 가지 외에 반드시 추가해야 할 것은 중국이 지연과 혈연을 중시하는 연줄사회라는 점이다. 최근 중국 경제를 '꽌시(關係 : 연줄)' 자본주의라고 비꼬는 말도 들려오는데, 연줄사회에서는 공식적으로 좀처럼 진행되지 않는 상행위나 계약에서도 연줄을 이용한다거나, 선물을 주거나 뒷거래를 하면 부드럽게 해결된다. 결코 좋은 현상이라고 할 수는 없지만, 적어도 현재의 중국 사회가 연줄을 날줄과 씨줄로 해서 짜여진 사회라는 것은 반드시 알아야 할 것이다.

6 마오쩌뚱에서 떵샤오핑으로

반세기의 궤적

건국 초기의 커다란 성공

예전에 중국은 동아시아의 강국이었다. 당(唐)의 장안(長安)은 대규모 국제도시였으며, 명대(明代)에는 조공이 활발히 행해졌다. 정체되어 있던 청(淸)마저 '잠자는 사자'로 불렸다.

1840년 아편전쟁 이후 중국에서는 열강의 침입에 대한 저항과 경제·과학 방면의 낙후성을 극복한다는 목표로 근대화의 노력이 계속되었지만 잇달아 좌절되었다. 마오쩌뚱이 지휘하는 공산당이 혁명에 성공한 것은 궁정 쿠데타나 의회전술이 아니라, 농민 주체의 군대를 조직하고 전쟁을 통하여 농촌에 구축한 근거지를 확대한다는 중국적인 독특한 방식을 창출해냈기 때문이다. 동시에 국민당이 부패가 심해져 인심을 잃었고, 엄정한 규율을 자랑하는 공산당에 대한 지지와 기대가 늘어나게 된 것도 한 원인이다.

1949년 10월 1일, 초대 국가주석으로 추대된 마오쩌뚱은 수도 베이징의 티엔안먼(天安門) 누상에서 중화인민공화국 성립을 선언했다.

"우리 민족은 이제 모욕당하는 민족이 아니다. 우리는 이미 일어섰다."

건국 후 정부는 치안회복과 함께 극심해지는 인플레이션을 진정시키는 일에 몰두했다. 단기간에 인플레이션을 종식시키고 통화개혁을 단행하는 과정에서 재정·경제의 집중통일이 이루어졌다. 도시에서는 대기업, 은행 등 국민경제의 중추를 장악하고 있던 관료자본의 자산을 몰수하고 국영기업의 기초를 만들었다. 농촌에서는 지주의 토지를 몰수하여 농민에게 분배하는 토지개혁이 실시되었다. 이러한 사회의 대변동은 한국전쟁에 대한 개입과 병행해서 이루어졌다.

건국 초기의 위기를 극복한 중국은 본격적인 경제건설기에

티엔안먼(天安門) 누상에서 건국을 선언하는 마오쩌뚱

뛰어들었다. 이때 마오쩌뚱은 '사회주의적 공업화, 농업·수공업·사영상공업의 사회주의적 개조'라는 총 노선을 지시했다. 미국에 의한 중국 봉쇄에 대항하여 '향소 일변도(向蘇一邊倒)'를 명확히 내세우며, 중·소 우호동맹과 상호원조 조약 체결을 대가로 14억 루블의 차관, 156개 중점 건설 프로젝트에 대한 원조, 1만 명의 유학생 파견을 실현했다.

제1차 5개년 계획(1953~1957) 기간 중 공업면에서는 중공업 우선 발전 방침을 수립했고 철도건설에도 역량을 투입했다. 농업과 수공업에서는 합작화(협동조합화)가, 사영상공업(민족자본이라 부르는 중소기업)에서는 공사합영화(자산을 국유화하여 평가액의 대략 절반을 국가가 지불하는 방식)가 급속히 추진되었다. 이 5년 동안 소련에서 계획경제 체제가 전면적으로 도입되고 확립된 것도 특기할 만한 사항이다.

건국 초기에는 건설의 숨결이 넘쳐흘렀고 생활이 해마다 개선되었다. 무엇보다도 인간관계, 특히 간부와 대중간의 관계가 좋아져, 지금까지도 '황금시대'를 그리워하는 사람이 적지 않다. 국제적으로도 그때까지의 '정기(精氣) 없는 중국'의 이미지가 완전히 달라졌다. 초기에 거둬들인 성과는 저우언라이(周恩來)라는 명재상의 수완이 큰 도움이 되었다. 1956년에 열린 공산당 제8회 대회에서는 '사회주의 혁명의 기본적 완성'을 강조했고, 이제부터의 주요한 임무는 건설에 있다고 규정했다.

마오쩌뚱의 공적과 과오

이즈음에는 건설을 착실히 추진해가던 류사오치(劉少奇), 떵샤오핑(鄧小平) 등과 계급투쟁의 중시를 제창한 마오쩌뚱(毛澤東)간의 대립이 생겼고, 국제정세의 전개 속에서 급속히 확대되고 첨예화되어 갔다. 1957년에는 반우파 투쟁이 시작되자, 공산당에 대해 비판적 견해를 갖고 있던 지식인이 '우파'로 몰려 투쟁의 대상이 되었다. 예술·학술 분야에서의 '백화제방 백가쟁명'은 요절했다.

초기의 성공에 사로잡힌 공산당은 소련이 '경제력에서 미국을 따라잡겠다'는 목표를 내건 것을 보고 '15년 내에 영국을 따라잡겠다'는 목표를 세워, 1958년 제2차 5개년 계획을 시작으로 생산의 '대약진' 운동을 전개했다. 농촌에서는 행정과 경영을 일체화한 인민공사가 수개월 동안 전국 곳곳에서 설립되었다. 그러나 국력과 국정을 무시하고 무리한 수단을 동원한 결과 경제의 균형이 무너지고 대기근이 겹쳐 대약진은 좌절되었다. 거의 동시에 중·소간의 이데올로기 대립으로 소련은 원조를 중단했다.

중국은 정책면에서 완화책을 기조로 하는 경제조정을 단행했다. 결과적으로는 1961~1965년 사이의 조정기에 축적된 경제기반이 문혁의 혼란에서도 버텨내는 힘이 되었다고 할 수 있다. 그러나 류사오치, 떵샤오핑 등이 추진한 완화책은 마오쩌뚱의 눈에 수정주의, 즉 자본주의를 부활하려는 것으로 비쳤다.

1966년에 '수정주의의 방지'를 기치로 마오쩌뚱이 일으킨 문화대혁명으로 대도시가 내란상태에 접어들었다. 정부의 기능이나 수송능력은 마비되었고, 공장생산도 2년 연속으로 대폭 줄어들었다. 이런 것들은 곧 회복되었지만 학교의 폐쇄와 지식인

문화대혁명에 열광하는 군중들

의 박해로 인한 인재육성상의 손실은 이루 헤아릴 수 없었으며, 지금까지도 그 후유증이 이어지고 있다.

문화대혁명은 주로 도시에서 전개되고 농촌에서는 큰 혼란을 겪지 않았다. 오히려 문혁 10년간을 통해 식량생산이 비교적 안정될 수 있었고, 이는 국민경제를 거의 파국의 막판에서 건져내는 역할을 담당해냈다.

마오쩌뚱은 분명히 중국 역사상 뛰어난 인물이다. 중화인민공화국 수립 후의 역사는 그의 생애와 따로 떼놓을 수 없다. 그는 가난한 중국에서 사회주의의 이상을 낭만적으로 추구해나갔다. 거기에서 '정신주의' '정치 우선' 등의 일관된 자세가 생겨났고, 경제의 건설과 운영에까지 대중운동의 방식을 도입했다. 때마침 베트남전쟁이 격화되자 전쟁에 대한 위기감이 증폭되었다. 특히 소련의 '변질'이 중국 내에 영향을 미치면서 우려가 심화되었고, 자유화의 조짐은 '황제'의 노여움을 사게 되었다.

동시에 개인숭배의 풍조가 강해지는 가운데 마오쩌뚱의 독단과 전횡이 심해졌다. 이는 단순히 개인의 문제가 아니며 여기에서도 황제 전제(專制), 관료 지배, 종족주의라는 중국 전통사회의 그림자를 엿볼 수 있다. 중국은 시민사회를 거치지 않은 만큼 '반봉건사회'에서 바로 사회주의로 건너뛰려고 한 것이다. 그러한 의미에서 얼른 보아 자본주의와 다를 바 없는 현재의 정책은 필요불가결한 '보강(補講)'이라 할 수 있다.

떵샤오핑의 시대로

1976년 마오쩌뚱이 사망하고 문혁 후기에 권세를 휘둘렀던 사인방이 체포되자, 10년 동안 지속되어 온 문화대혁명이 종식되고 떵샤오핑이 실질적으로 최고 지도자인 시대가 시작되었다. 떵샤오핑은 현실을 직시하는 정치가라는 점에서 마오쩌뚱과 다르다. 우선 그는 중국이 경제·과학면에서 크게 뒤져 있으며, 끝없는 정치운동에 지친 국민들은 생활의 안정과 향상을 갈망한다는 것을 잘 알고 있었다. 다음으로는 국제정세가 중국에 유리한 방향으로 변하고 있는 것을 파악했다. 여기에서 근대화의 노선이 시작되었다.

1978년 말 공산당은 제11기 중앙위원회 제3회 총회(11기 3중전회)에서 이제까지의 '계급투쟁'의 금박간판을 내리고 경제건설을 활동의 중심으로 할 것을 선언하면서, 국내적으로는 개혁과 활성화(일부의 사람들이 먼저 풍요로운 생활을 하게 된다는 이른바 '先富論'에 초점을 맞추었다), 대외적으로는 개방화(중국 경제를 세계경제의 일환으로 편입시킨다는 데에 초점을 맞추었다)를 수레의 두 바퀴로 삼았다. 11기 3중전회는 건국 이래 노선의 일대 전환점이 되었다.

혁명의 시기가 그러했던 것처럼 개혁도 농촌에서 시작하여 도시로 파급되어 갔다. 근대화 노선을 구성하는 여러 정책이 모색을 거듭한 끝에 1984년 '중국적 특색을 갖춘 사회주의'로 규정되었다. 1980년의 GNP를 기준으로 1990년까지는 배로 증가, 2000년까지는 또 배로 증가, 21세기 중엽까지는 4배로 증가하여 중진국 대열에 들어선다는 3단계 구상도 제시했다. 1987년의 제13회 당대회에서는 중국이 '현재 사회주의의 초급단계에 있다'고 위치짓고, 건국 후 21세기 중엽까지의 100년간을 이 단계에 해당한다고 하여, '사회주의'에 대한 기존의 개념에 용납되지 않는 일련의 정책에 대해 그것이 현단계에서 필요하면서도 동시에 합리적이라는 이론적 내용을 부여했다.

커다란 전환기에는 곡절을 피해갈 수 없는 법이다. 1980년대에 경제면에서는 과열과 긴축이 몇 년 단위로 반복되었다. 정치면에서는 1981년에 화구어펑(華國鋒) 당주석이 사임했고, 1986년과 1989년에는 학생들의 민주화 운동이 일어났다. 당시 당총서기가 우유부단한 대응을 했다고 하여, 1987년 초에는 후야오빵(胡耀邦)이, 1989년에는 자오쯔양(趙紫陽)이 해임되었다. 군대의 무력진압에 의한 티엔안먼 사건의 생생한 영상이 세계에 충격을 던져주었다.

개혁에 신중한 원로들은 '계획경제'를 사회주의의 진수로 보고, 유연한 정책을 '화평연변(和平演變 : 평화적 수단에 의한 사회주의 정권의 전복)의 온상'이라고 비판했지만, 이 문제는 경제발전의 실적을 근거로 한 1992년 봄 떵샤오핑의 담화내용으로 귀결되었다.

같은 해 가을의 제14회 당대회에서는 '사회주의 시장경제의 구축'을 목표로 제시했고, 이듬해인 1993년의 제8기 전국인민대표대회에서 이 내용을 헌법에 명기했다. 또 이 두 대회에서는 당과 국가의 수뇌부가 바뀌었는데, 세대교체 후 원로들은 명예직에서도 모습을 감추었다. 마오쩌뚱·저우언라이·류사오치·주떠(朱德) 등 1세대 수뇌들은 혁명과 건국의 지도부였다. 떵샤오핑을 중심으로 한 2세대 수뇌들은 전환기의 지도부로 위치지어졌다. 그리고 장쩌민(江澤民)을 중심으로 하는 3세대 수뇌들은 근대화 건설의 지도부로서 장기 집권을 목표로 삼았다.

상하이를 시찰하는 떵샤오핑

제2장

내정과 외교

7 진행중인 도시화

행정구획

4단계의 구조

국토와 인구면에서 대국인 중국의 행정구획은 그만큼 복잡한 틀로 이루어져 있다. 헌법의 규정에 의하면 다음 3급으로 되어 있지만 실제로는 4단계로 되어 있다.

• 1급 행정구는 성(省), 자치구, 직할시.

• 2급 행정구는 자치주, 현(縣), 자치현, 시.

• 3급 행정구는 향(鄕), 민족향, 진(鎭).

1급 행정구는 32개가 있는데(臺灣省도 포함해서), 내역으로는 직할시 4개(北京, 上海, 天津, 重慶), 성 23개, 자치구 5개이다. 자치구에 대해서는 '인구·민족' 부분에서 썼지만, 소수 민족 거주지역에 설치되어 있다.

그 아래에 '지구'가 있다. 본래의 행정계통으로는 성정부 아래에 현정부가 있지만, 하나의 성에 수십 개에서 수백 개 이상의 현이 있어 성정부가 직접 그것을 관리하기란 물리적으로 곤란하기 때문에, 성정부의 파출(派出)기관을 설치한다. 구청(區廳) 정도로 생각하면 된다. 정식으로는 '지구행정공서(地區行政公署)'라 하며, 그 최고 책임자는 '전원(專員)'이라 한다. '전원'은 선거에 의하지 않고 임명된다. '지구(地區)'는 성(省)급 정부에 대응해서 한 조(組)의 행정기구를 설치한 것으로, 실질적으로는 성과 현의 중간 정부 역할을 담당한다.

지구급으로는 또 하나 '시(市)'가 있다. 각 성의 성도(省都)와 대도시가 그것으로, 지구급의 시라는 의미에서 '지급시(地級市)', 혹은 '성이 관할하는 시'라는 의미에서 '성할시(省轄市)'라 부른다. 최근의 새로운 경향으로는 지구를 폐지하고 시가 주변의 현을 관할하는 방식이 생겨나고 있다. 예컨대 장쑤(江蘇)성 난통(南通)의 경우를 보면, 난통 시정부와 난통 지구행정공서가 같은 시내에 두 개 있었으나, 그것이 하나로 되면서 인구 1천만 명의 난통(南通) 시가 생겨났다.

'시—공업, 지구—농촌·농업'이라는 종래의 종적인 행정기구가 경제교류를 저해한다는 폐해를 없애기 위해 도시와 농촌, 공업·농업·상업을 일체화하였으며, 도시가 농촌을 지도해가는 형태로 바꾸어갔다. 랴오닝(遼寧) 성에서 시작한 이 '행정개혁'은 현재 전국적으로 확산되어, 장쑤(江蘇), 광뚱의 두 성에서도 '지구'가 생겨났다. 또한 이는 파출기관이 농촌지대에 군림한다는 변칙적 상황을 해소하는 것과도 통한다.

행정구획도

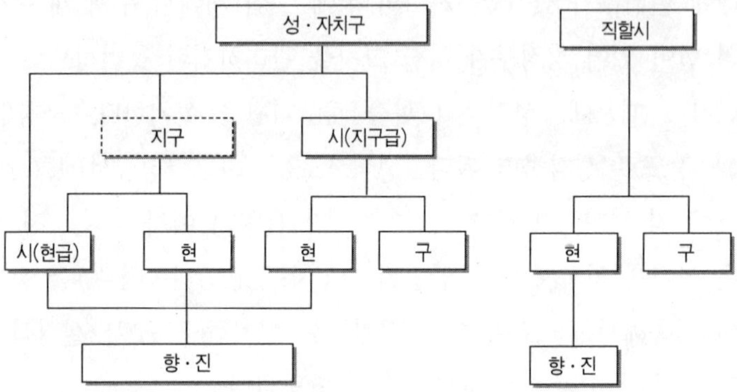

주 : 1. 자치주 · 맹(盟)은 지구와 동격
2. 자치현 · 기(旗)는 현과 동격
3. 민족향은 향과 동격

소수 민족 지역의 자치주(내몽골에서는 맹)도 지구(地區)급이지만, 이는 파출기관이 아니며 인민대표대회에서 지도자가 선출된다.

1992년 말 현재 지구(地區)가 110개, 자치주(自治州)와 맹(盟)이 38개, 지구급 시(市)가 191개 있다.

말단의 조직화

지구 아래는 현과 자치현(내몽골에서는 旗)으로, 도합 1,848개가 있다. 또 현급의 중소 도시는 323개가 있는데, 행정적으로는 성(省) 직속으로 되어 있는 지방이 많다.

중국에서는 '○○시(市)'라 할 때에도 베이징이나 상하이 같은 직할시, 따리엔(大連)이나 난징(南京) 같은 지구(地區)급 시,

산뚱성의 취푸(曲阜) 같은 현(縣)급 시의 세 가지가 있다.

현(縣) 아래는 진(鎭)이 1만여 개, 향(鄕)이 4만여 개 있다. 인민공사가 해체된 후, 공사본부의 소재지는 향이 되고, 향정부가 세워졌다. 향정부는 말단기관으로, 그 아래에 촌마다 촌민위원회가 있는데, 이것은 정부가 아니라 자치조직이며 전국에 80여만 개가 있다.

한편 도시부에는 직할시와 지구급 시 아래에 여러 개의 구(區)가 설치되어 있다. 1992년 말 현재 그 숫자는 전국에 662개가 있다. 구 아래에는 파출기관으로서 가도판사처(街道辦事處)가 있는데, 이는 실질적인 말단 행정기관이다. 특히 그 아래에는 거민위원회(居民委員會)가 있어 정년퇴직한 여성이 항시 근무하며, 분쟁중재나 산아제한 문제 등을 다루고 있다. 주민 2천 명당 하나의 거민위원회를 목표로 한다. 또 그 아래에는 40호(戶) 정도에 하나씩 거민소조(居民小組)가 있다.

헌법의 규정에 의하면 각급 인민대표대회의 대표(의원) 중 주민의 직접선거에서 선출되는 경우는 현이나 구가 설치되어 있지 않은 시(市) · 구(區) · 진(鎭) · 향(鄕)급까지이고, 그 이상은 간접선거, 즉 한 급 아래의 대표대회에서 선출된다. 직접선거의 선거구 정원은 1~3명이 된다.

근대화의 진전이 도시화를 촉진시킨 것은 어느 나라에서나 마찬가지다. 중국에서는 1949년에 69개였던 시(市)가 1957년에는 164개, 1985년에는 321개, 1990년에는 464개로 늘었으며, 1992년에는 514개가 되었다. 그 과정에서 현에서 시로 승격한 경우도 있다.

새로운 시(市)가 탄생될 조건은 ① 인구 7만 이상이고 비농업 인구가 절반 이상을 차지할 것 ② 중요한 공·광업기지 또는 상업기지일 것 ③ 그 지역 행정·경제·문화·교통의 중추적 역할을 담당할 것 등이다. 현정부의 소재지는 진(鎭)인데, 그곳의 인구가 많아지고 위에서 말한 역할이 커지게 되면 시(현급의 시)가 생겨난다. 진이 시로 승격하는 것이 아니라, 현이 그대로 시로 '변신'하는 경우가 많다.

새로운 진이 생겨날 조건은 현정부의 소재지인가, 인구가 2만 명 이상으로 그 안에 비농업 인구가 10퍼센트 이상인가, 인구는 2만 명 이하라도 비농업 인구가 2천 명 이상인가 등이다. 이러한 몇 가지 조건을 충족시킬 수 있다면 가능하다.

'소성진' 만들기

'소성진(小城鎭)'이라는 말이 최근 자주 등장한다. 이것은 행정구획의 개념이 아니라 경제지리의 개념이다. 영어로는 스몰타운(Small Town)이라 하는데, 역사적으로는 농촌의 '시(市)'를 기원으로 한다.

저명한 사회학자 페이샤오통(費孝通) 교수는, 소성진이란 ① 비농업자가 거주자 중 일정 비율을 차지하고 ② 농촌과는 다른 특징을 가지며 ③ 그러면서도 주위의 농촌과 불가분의 관계를 갖는 사회의 실체라고 말한다. 페이(費) 교수는, 향진기업(鄉鎭企業)과 농업지원 및 서비스 기구가 이 소성진에 집약되어 농촌지역의 경제·문화 센터로서의 역할을 하면, 장래에는 인구의 40퍼센트를 흡수하게 될 것으로 내다보고 있다.

이와 관련하여 1993년 11월에 나온 '사회주의 시장체제 확립'에 관한 중국 공산당 중앙의 결정 중에 '새로운 소성진의 건설'이 제기되었는데, 주민등록제도를 차츰 바꾸어 농민의 소성진이 이주를 인정하는 방향을 시사했던 점이 눈길을 끌었다. 대도시 집중형이 아닌, 중국형 도시화가 되는 것은 아닌지.

행정구획의 실질적 4단계 틀을 이해하는 것은 여러 가지로 유용하다. 예컨대 자동차 번호판의 상단에는 '베이징'과 같은 1급 행정구의 한자표기가 있고 그 뒤에 두 자리 숫자가 이어지는데, 이는 '지구(地區)' 코드다. 하단에는 다섯 자리 숫자이거나 혹은 로마자+네 자리 숫자가 된다.

중국의 우편번호는 6자리다. 처음 두 자리는 1급 행정구, 다음 자리는 지구, 그 다음은 현, 말미의 두 자리는 우체국을 나타낸다. 예를 들어 베이징 시는 10이고, 같은 시의 통(通) 현은 101100, 핑꾸(平谷) 현은 101200, 순이(順義) 현은 101300 등의

자동차 번호판

형태로 되어 있다. 현의 수가 많은 성, 예컨대 쓰촨 성은 앞의 두 자리가 61에서 64까지 된다.

경제구의 형성

국토가 작고 교통이 발달한 나라에서도 '○○블록' '△△경제권' 등과 같이 지역별로 대응하는 경우가 많다. 중국의 경우 지역에 따라 여러 조건이 크게 다르지만, 행정구역과는 별도로 경제면에서의 지역별 대응은 한층 중요하다.

지역을 나누는 방식에는 아직 정설이 없지만, '7대 경제지역'이라는 최신 분류는 다음과 같이 되어 있다.

- 동북(東北) : 지린(吉林), 헤이룽장(黑龍江), 랴오닝(遼寧, 북부), 내몽골(동부)
- 환발해(環渤海) : 베이징(北京), 티엔진(天津), 랴오닝(南部), 허뻬이(河北), 산똥(山東)
- 창장 연안(長江沿岸) : 상하이(上海), 장쑤(江蘇), 저장(浙江), 안후이(安徽), 장시(江西)
- 화남 연해(華南沿海) : 꽝똥(廣東), 푸지엔(福建), 하이난(海南)
- 중원(中原) : 산시(山西), 허난(河南), 후베이(湖北), 후난(湖南)
- 서남(西南) : 쓰촨(四川), 윈난(雲南), 꿰이저우(貴州), 꽝시(廣西), 시짱(西藏)
- 서북(西北) : 산시(陝西), 깐쑤(甘肅), 닝샤(寧夏), 칭하이(青海), 신장(新疆), 내몽골(中西部)

이중 꽝시(廣西)는 이전부터 줄곧 꽝뚱(廣東)과 같은 지역에 속해 있었으나, 꽝시의 친저우(欽州) 항이 서남 각 성의 바다를 향한 출구가 되고, 쿤밍(昆明)에서 철도부설이 시작되었기 때문에, 서남으로 '이적'하게 된 것이다.

앞의 분류에서 '중원'의 근거와 특징이 명확하지 못한 점은 있지만, 나머지는 대체로 합리적이라고 본다.

인구의 이동

옛부터 중국에서는 인구의 대규모 이동이 되풀이되었다. 대표적 경우를 몇 가지 열거해보면, 북방 민족의 침입과 전란을 피해 중원으로부터 강남으로 흘러들어온 경우, 서남에서 서북으로의 개척민의 이주, 생계가 어려워진 산뚱(山東) 성 농민의 동북으로의 이주나 푸지엔·꽝뚱에서 화교가 생겨난 경우 등이다. 중화인민공화국이 수립된 후에는 1960년대 초반에 도시주민 2천만 명이 농촌으로 이주했고, 문화대혁명 시기에 1,700만 명의 중졸·고졸자가 마오쩌뚱을 지지해서 농촌으로 간 경우가 있었다.

역 주변은 항상 사람들로 가득하다

1989년 봄에 농민의 이향(離鄕) 붐이 폭발적으로 일어났다. 그 이후로 매년 춘절(春節 : 설)이 지나면 중국 전역의 철도가 초만원을 이룰 정도로, 이향(離鄕)의 무리는 줄어들지 않았다. 어떤 조사에서는 3천만 명 가까이 된다고 한다. 이러한 현상의 근저에는 '농지 부족과 인구 과잉'이라는 냉엄한 현실이 있다.

인민공사의 독기가 빠져나가면서 농민은 확실히 한숨 돌리게 되었다. 그러나 쓰촨(四川), 안후이(安徽)와 같은 인구밀집 지역과 산간지역에서는 도시와의 소득격차가 커서 이 지역 잉여노동력이 고향을 떠나는 원인이 되고 있다. 삼삼오오 무리지어 자연발생적으로 떠나는 사람들, 촌단위로 조직을 꾸려 떠나는 사람들 등 형태는 가지가지다.

한편 대도시와 연해(沿海) 지역에서 이향자들을 받아들이는 이유가 있다. 왕성한 건설붐으로 인한 일손 부족이나, 홍콩에 인접한 주장(珠江) 델타 지역에서 보이는 것같이 위탁가공의 노동집약형 산업이 급증한 것도 그 원인이다. 또 도시 젊은이들의 '3K' 기피풍조도 들 수 있다. 도시에서 자란 사람이 싫어하는 직종을 농민이 대신하는 것이다.

예를 들면 탄광노동자, 특히 채탄현장의 인부 중 3분의 1이 고향을 떠나온 농민 출신이다. 방직공장, 항만하역, 분뇨처리, 넝마주이 등 고향을 떠난 농민은 넓고 깊게 도시생활 속으로 들어오고 있다. 이들이 부쳐주는 돈은 고향에 있는 가족들이 집을 짓고, 전기제품을 사고, 자녀를 혼인시키는 데 사용된다. 이향 급증에 대한 부정적 측면이 생겨나는 것은 당연하다. 도시인들은 그들을 '맹류(盲流)'라 부르며 좋지 않게 본다. 치안문제에 영향을 미치는 것도 부정할 수 없다. 당국은 걸핏하면 '강제 송환'을 주장한다. 그러나 최근에는 이향민이 현실에서 담당하는 역할을 긍정하여 노동력이 필요한 곳으로 이동하는 루트 중의

건설현장의 노동자

하나라고 평가할 정도로까지 인식이 바뀌었다. 노동력의 이동이 순조로우면 정보시스템의 정비가 강조된다. 노동력 시장의 형성과 연결된 필연적인 움직임이다.

수천 년 동안 중국의 농민은 대지에 밀착하여 살아왔다. 오늘날 그들의 움직임은 일시적인 현상이 아니라 중국 사회의 근저에서 기인한 중요한 변화 때문이라고 생각된다. 연해(沿海) 대도시의 번영뿐만 아니라 농촌을 둘러싸고 생겨나는 현상도 똑똑히 보아야 할 것이다.

8 중국을 움직이는 힘

공산당과 그 밖의 단체

당의 구조

중국이라는 대국을 실제로 움직이는 정치세력이 중국 공산당임은 주지하는 사실이다.

중국 공산당은 1921년 7월에 탄생했다. 그 후 28년 동안의 혁명전쟁을 거쳐 집권당의 위치에 서게 되었고, 이후로 40여 년 동안 일관되게 정권의 핵심부를 차지했다. 1994년 9월에 당원은 5,400만 명이다.

공산당이라는 이름이 붙어 있는 이상, 최종 목표는 '공산주의 사회의 실현'이며, 이는 세계적으로 사회주의 정권이 무너진 후에도 변하지 않고 있다. 현단계(몇 세대에 걸쳐)의 목표는 "우리나라(중국)를 부강하고, 민주적이고, 문명적인 사회주의 국가로 건설하는 것"(중국 공산당 규약)이다. 따라서 경제건설을 중심에 두고 네 가지 기본원칙(사회주의, 인민 민주주의 독재, 공산당의 지도, 마르크스 레닌주의 및 마오쩌뚱 사상)을 견지하며 개혁·개방 정책을 고수하는 것이다.

당의 최고 지도기관은 5년에 한 번 개최되는 전국대표대회와 거기서 선출되는 중앙위원회다. 전국대표대회는 부정기적으로 열리다가, 1977년 제11회 대회 이후 정기적으로 열린다. 1992년의 제14회 대회에서 선출된 중앙위원회(제14기 중앙위원회)는 중앙위원 189명, 동 후보 130명으로 구성되었다. 그들 중 중앙·지방 정부 책임자, 군 수뇌부 외에 유력기업 총수, 과학자 등도 눈에 띈다. 중앙위원 후보도 포함하여 평균연령은 56.3세, 그 중 55세 이하는 61퍼센트다. 세대교체를 반영하여, 반수 가까이가 새로운 인물들이다. 전반적으로 고학력화의 경향을 보여, 대졸 이상이 83.7퍼센트, 기술계통의 자격자가 44.5퍼센트를 차지한다.

당 중앙의 조직도

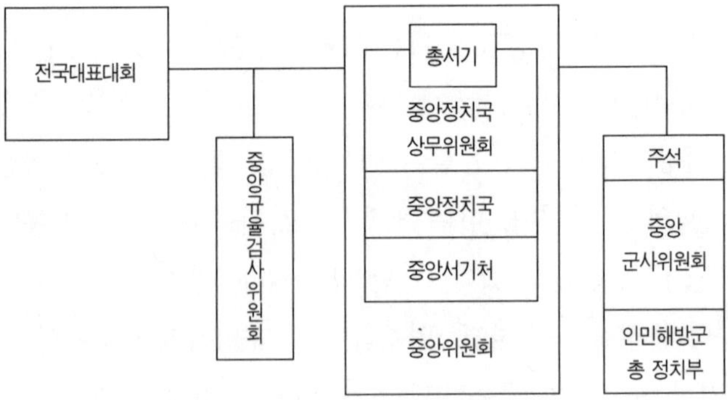

중앙위원회가 열리지 않을 때는 동 위원회에서 선출된 중앙 정치국과 중앙정치국 상무위원회가 직권을 행사한다. 정치국 위원이 20명, 동 후보가 2명이다. 상무위원으로는 장쩌민(江澤民)·리펑(李鵬)·주룽지(朱鎔基)·리루이환(李瑞環)·후진타오(胡錦濤)·웨이지엔싱(尉健行)·리란칭(李嵐淸)의 7인으로, 이들은 피라미드의 정점인 이른바 사령탑에 해당된다(1997년 9월 제15차 전당대회 결정 내용—역주).

정치국 아래에서 일상사무를 담당하는 곳이 서기처(書記處)다. 이외에 규율검사위원회, 중앙군사위원회가 설치되어 있다. 「인민일보」는 공산당 중앙기관지로, 각 지방에서도 같은 기관지가 발행되고 있다.

한때 '당정(黨政) 분리'가 제기되어, 각급 당 책임자는 행정직을 겸임하지 않는다는 방침이 채택되기도 했었으나, 지방정부와 기업에 의한 '이두(二頭) 정치'의 폐해가 두드러지게 나타나면서 최근에는 오히려 동일인이 겸임하는 경향이 생겨나고 있다.

8개의 민주당파

중국에는 공산당 외에도 '민주당파'가 8개 있다. 혁명과정에서 여러 계층의 사람들이 결성하여 공산당에 협력했기 때문에 '공산당이 지도하는 다당(多黨) 협력'이라 불렀다. 8개의 당파는 다음과 같다.

- 중국국민당혁명위원회(약칭 民革) : 1948년 장지에스(蔣介石)의 독재에 반대하는 국민당 내의 혁신파가 결성.

- 중국민주동맹(약칭 民盟) : 1941년 결성된 민주정부동맹이 전신. 중상층의 지식인이 중심.
- 중국민주촉진회(약칭 民進) : 1945년 결성. 교육계와 문화출판계의 지식인이 주체.
- 중국농공민주당 : 1930년 결성된 중국 국민당 임시행동위원회가 전신. 의학 · 약학 · 위생 관계자가 주체.
- 중국치공당(致公黨) : 1925년 결성. 화교의 정치결사였으나, 1949년 이후에는 해외활동을 중지했다. 저명한 귀국화교들이 주체.
- 중국민주건국회(약칭 民建) : 1945년 결성. 민족자본가 및 이들과 관계가 깊은 지식인이 중심.
- 구삼학사(九三學社) : 1944년 설립된 민주과학좌담회가 전신. 과학기술 분야의 학자 · 전문가가 주체.
- 타이완민주자치동맹(약칭 臺盟) : 1947년 결성. 민주화운동을 추진한 타이완 성 출신자들이 조직.

이들 당파는 결성 초기에는 노인들만의 조직이었으나, 최근

왼쪽부터 장쩌민, 리펑, 챠오스, 리루이환, 주룽지, 류화칭, 후진타오

에는 청 · 장년을 대상으로 조직 확대를 도모하고 있으며, 젊은 지식인들 중에도 공산당이 아닌 민주 제당파를 선호하는 경우가 있다. 또 제당파의 지도자는 전인대의 부위원장이거나, 혹은 정협의 부주석에 취임한 경우, 정부 각 부문에서 부(副)부장, 부성장 등 지도급 인사 중 한 사람이다. 전 국가 부주석 롱이런(榮毅仁)도 공산당원이 아니었다(제9기 전인대 이후 국가 부주석은 롱이런〈榮毅仁〉에서 후진타오〈胡錦濤〉로 교체—역주).

계층별 사회단체

계층별 사회단체를 '인민단체'라 하는데, 매우 많다. 이전까지는 주로 공산당과 인민을 결합하는 벨트의 역할이 강조되어 왔지만, 최근에는 각 계층의 이익을 대표하여 발언하고 대화하는 역할도 주목된다. 또 세상이 다양화되어 가는 추세를 반영하여 낚시 등의 취미모임이나 학교 교우회 등도 포함해서, 특수한 목적을 가진 전문단체들도 속속 생겨나고 있다. 사회단체는 정부의 민정부(民政部)에 등기되어 있다.

주요한 단체를 열거하면 다음과 같다.

- 중화전국총공회(약칭 全總) : 노동조합의 연합체로, 산하에 산업별 조직을 갖고 있다.
- 중국공산주의청년단(약칭 共靑團) : 14세에서 25세까지의 선진적 청년에 의한 대중조직으로, 공산당의 조수, 예비군의 역할을 하고 있다. 또 7세에서 14세까지의 소년소녀의 조직은 붉은 네커치프(neckerchief)로 알려진 '중국소년선봉대

(少先隊)'로, 공청단이 이들을 지도하는 입장에 있다. 청년 조직으로는 이외에도 중화전국청년연합회, 중화전국학생연합회, YMCA, YWCA가 있다.

- 중화전국부녀연합회(약칭 婦聯) : 모든 직업여성을 망라하는 조직.
- 중국공 · 상업연합회(약칭 工商聯) : 민족자본가 단체였으나, 1983년부터는 비국유기업과 그 단체도 회원으로 가입했다.
- 중화전국문학예술연합회(약칭 文聯) : 산하에 작가, 전문 예술 단체를 갖고 있다.
- 중화전국체육총회(약칭 體總) : 산하에 종목별 조직을 갖고 있다. 별도로 중국올림픽위원회도 있다.
- 중국과학기술협회(약칭 科協) : 산하에 전문분야별 학회를 갖고 있다.
- 중국홍십자회 : 적십자를 말한다.
- 중국공업경제협회 : 업종별 업계단체 및 대형 국유기업을 대표하는 단체.

공청단 마크

종교관계로는 중국불교협회, 중국도교협회, 중국기독교삼자(三自)애국운동위원회, 중국이슬람교협회 등이 있다.

타이완과의 관계에서는 해협양안교류협회(약칭 海協)는 타이완측의 해협교류기금회(약칭 海基會)의 상대로 설정되어 있다.

민간외교 분야에서는 중국인민외교학회, 중국인민대외우호협회가 오래전부터 활동하고 있다. 후자는 국가별 우호조직을 총괄하는 단체다. 중국국제무역촉진위원회도 민간무역을 통하여 정부관계를 촉진시켜 왔다. 최근 '중국국제상회(商會)'와 함께 널리 알려지게 되었다.

이들 정당·단체·계층을 망라한 것이 중국인민정치협상회의(약칭 政協)이다. 전국위원회의 위원은 2,093명이다. 전인대(全人大)가 최고의 권력기관인 데 반해서 이들은 결의권이 없으며, 매년 전인대와 같은 시기에 개최되어 국정에 참여하고 협상(협의)을 한다. "전인대보다 훨씬 예리한 비판과 대담한 제안이 나오기 때문에 정협 쪽이 재미있다"라고 정평이 나 있다. 중국의 독특한 '통일전선 조직'으로서, 지방이라도 현급 이상이면 정치협상회의가 설치되어 있다.

'노인파워'와 당원 부패의 문제

중국에서 최대의 힘을 가진 집단이 공산당이라는 것은 말할 필요도 없다. 당과 정부의 관계에 대해서는 '국가기구' 항목에서 쓸 것이고, 여기에서는 공산당 자체와 관련된 두 가지 문제를 생각해본다.

우선 '노인파워'의 문제다. 근대화 노선으로 전환한 이래 당의 지도부는 젊은 사람으로 바뀌기 시작했고, 회의 같은 것들이 제도화되었다.

"그러나 최고 실력자가 있다. 원로에게는 맞설 수 없다"라는 시각이 있다.

이런 시각은 한편 당연하다. '경로정신' 뿐만이 아니고, 역사적으로 형성되어 왔기 때문이다. 그러나 시대가 변화하면서 개인의 리더십에서 집단지도로, 인치(人治)에서 법치로 점차 바뀐 것은 필연적 결과였다. 1992년의 14회 당대회와 1993년의 전인대에서 인사가 새롭게 바뀐 것이 전기가 되었다고 보는 사람이 많다.

다음은 당원, 특히 간부와 그 자녀에 만연해 있는 부패의 문제다. 혁명세대가 일선에서 은퇴한 현재 '자정(自淨)능력'이 약화된 것이 사실이다. 이것이 서민의 불만을 격화시킨 나머지 사회불안의 방아쇠가 될 가능성은 결코 작지 않다. 교육이나 징벌 강화도 좋겠지만, 당원 간부에 대한 사회적 감독·제약의 시스템 구축이야말로 부패를 근절하는 데 절박하게 요구되는 것이 아닐까?

9 삼권분립이 아니다

국가기구

전인대(全人大)가 최고 기관

중화인민공화국 헌법 제2조에는 "인민이 국가권력을 행사하는 기관은 전국인민대표대회 및 지방 각급 인민대표대회다"라고 되어 있다. 또 제3조에는 "국가행정기관, 재판기관, 검찰기관은 모두 인민대표대회가 성립하고 책임을 지며 감독한다"고 되어 있다. 이 조문에 보면 전국인민대표대회(약칭 전인대)의 권한은 절대적이다. 서방 여러 나라의 삼권분립과는 다른 체제라고 보아야 한다.

전인대의 대표는 일급 행정구로서 성·자치구·직할시의 인민대표대회와 군인의 대표대회에서 선출된다. 결국 간접선거다. 그 정원배분은 단순한 인구비율이 아니다. 중국에서는 인구의 70퍼센트 이상이 농촌에 살기 때문에 단순한 인구비율로는 농민 이외의 각 계층이 살고 있는 도시의 대표수가 적다. 따라서 인구에 대한 대표(국회의원에 해당)의 비율은 도시부 1 대 농촌부 8의 비율(구체적으로 도시부에서는 13만 명에 1인, 농촌부에서는 104만 명에 1인)로 정원이 배당된다. 또 인구가 특히 적은 성에서는 정원의 하한선이 정해진다.

소수 민족, 귀국화교 등의 대표가 일정 비율을 차지해야 되는데, 이는 각 선출모체(母體)에서 후보자 리스트를 검토할 때 '배려' 된다.

'선출모체에서 후보자 리스트를 검토' 한다는 것은 그 지역 공산당이 여러 당파나 단체와 협의하여 후보자 리스트를 작성하는 것을 말한다. 이는 서방 각국의 전적으로 자유로운 선거와는 크게 다르다. 그러나 최근에는 후보자가 정원과 동수인 '신임투표' 가 아니라, 정원보다 많은 후보자를 올리고 그 외의 '입후보' 도 접수하여 투표하는 '차액선거(差額選擧)' 가 행해지고 있다. 구체적으로는 유권자 10인의 추천이 있으면 누구라도 후보

소수 민족의 전인대 대표

자에 오를 수 있다. 다만 최종 확정된 후보자 리스트에는 인원 수 제한이 있어, 직접선거의 경우는 정원의 200퍼센트, 간접선거의 경우에는 정원의 150퍼센트가 상한이다. 후보자에 등록된 사람은 보통 정원의 몇 배이기 때문에 '조정'이 이루어진다.

제1기 전국인민대표대회 제1회 회의가 1954년에 개최되었다. 1993년에 개최된 것은 제8기 제1회 회의였다. 임기는 5년으로 매년 3월에 2주 정도 열린다. 제8기 대표는 2,979명이다. 대표수가 가장 많은 곳은 쓰촨(四川) 성으로 205명, 가장 적은 곳은 닝샤(寧夏) 후이(回) 족 자치구로 14명이다. 덧붙여서 타이완 성은 대륙 주재 동성(同省) 출신자가 협의하여 대표 13명을 결정했다. 또 홍콩 대표는 꽝뚱(廣東) 성에 포함되지만, 1997년 반환 이후에는 홍콩 특별행정구로 단독 선출모체가 된다. 또 군대도 단독 선출모체인데, 대표수도 267명이다. 떵샤오핑도 군대에서 선출된 대표 중 한 사람이었다. 전인대는 헌법 및 기본적 법률의 제정·개정, 국가지도자의 선출, 국민경제계획과 예산결정 등 15항목의 직권을 갖는다.

전인대에는 상무위원회가 있다. 상무위원장(국회의장에 해당) 외에 부위원장 19명, 비서장·위원 134명이 있다. 2개월에 1회 소집되는데 법률의 심의, 인사임면 등을 다룬다. 동(同)위원회 아래에 법률, 재정·경제, 민족, 내무·사법, 교육·과학·문화 위생, 외사(外事), 화교, 환경·자원보호 등 8개의 전문위원회가 설치되어 있다. 상무위원회의 구성원은 이른바 '프로급 국회의원'이 되는 것일까.

국가기구도(1993년 3월 제8기 전인대 제1회 회의에 기준)

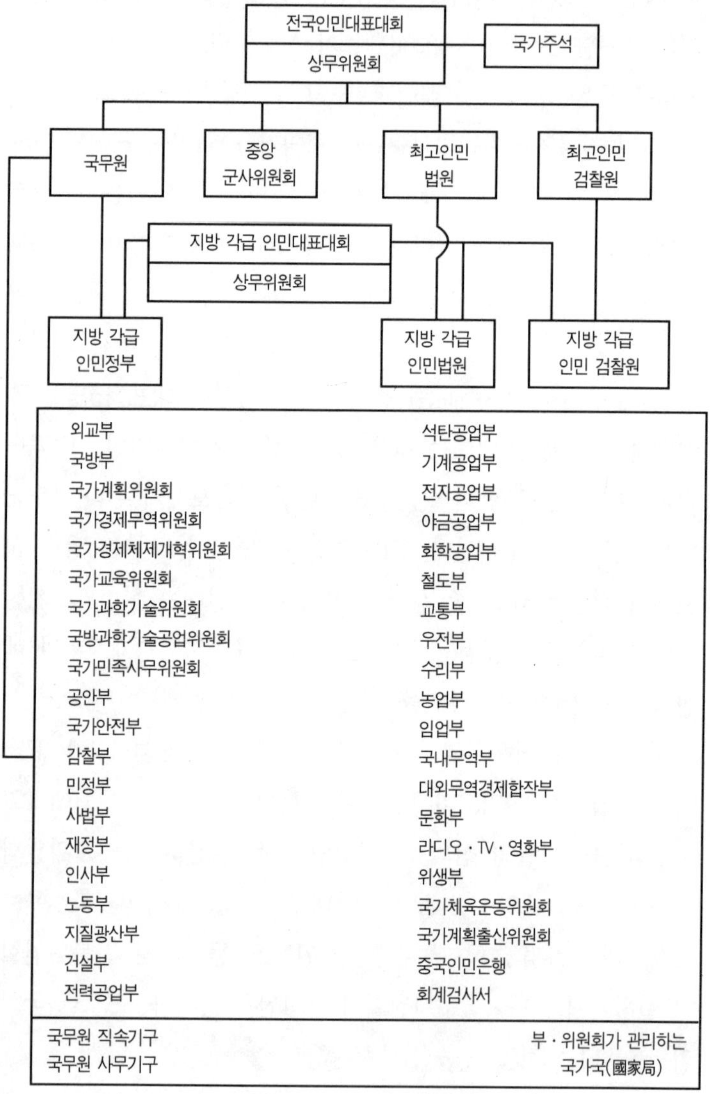

중국도 행정개혁으로

중국을 대표하는 얼굴은 국가주석이다. 부주석과 함께 각기 전인대의 제1회 회의에서 선출된다. 임기는 5년이며 2회까지 연임이 가능하다. 이 직위는 문혁 때 일시 폐지되었다가 곧 부활되었다. 다만 그 직권은 거의 전인대 상무위원회의 결정에 따르는 의례적인 것이다. 그러나 외국 원수와의 교류는 국가주석의 일로, 오히려 실질적으로는 원수(元首)의 역할을 담당한다. 현재의 주석은 공산당 총서기 장쩌민(江澤民)이고, 부주석은 후진타오(胡錦濤)이다(제9기 전인대의 결정사항-역주).

국무원은 중앙인민정부라 불리기도 하는 최고 행정기관이다. 국무원은 총리, 부총리(복수), 국무위원(복수), 각 부 부장, 비서장으로 구성되어 있다. 총리는 각기 전인대의 제1회 회의에서 국가주석이 제안해서 선출된다. 다른 구성원은 총리가 제안하고 부총리와 국무위원이 전인대에서, 각료(각 부 부장)는 전인대 혹은 동(同) 상무위원회에서 선출된다. 임기는 5년이며 2회까지 연임 가능하다.

국무원을 구성하는 기구는 40개다. 계획 · 경제무역 등의 '위원회', 외교 · 국방 등의 '부(部)', 인민은행(중앙은행), 심계서(審計署 : 회계검사서)의 수뇌는 각료다. 이외에 통계국 등의 '직속기구', 홍콩 · 마카오 판공실 등의 '사무기구', 신화사통신 등의 '직속사업 단위'가 있다. 건국 이래 기구개혁이 반복되어 간소화되기도 하고 증설되기도 했지만, 비대화 경향을 막는 제동장치가 제 역할을 하지 못했다. 관영(국유 국영)기업의 증가에 따른 관리기구의 복잡화가 가장 문제였다. 그러나 계획경제 체제하에서는 어쩔 수 없는 일이었다.

개혁의 일환인 기업의 '국유민영화'는 정부기능의 개혁을 강요했다. 특히 공업의 업종별 관리부문은 기구를 통합하거나 대폭 축소했다. 또 1993년에는 시장경제화가 먼저 이루어진 경공업부와 방직공업부가 여러 가지 반관반민(半官半民)적 성격의 '총회(總會)'로 개조되었다. 일부 행정직권을 보류하고 업종별 단체로 전환하려 한 것이다. 그러나 중공업 분야의 각 부에는 아직 계획경제 부분이 남아 있기 때문에 전환이 늦어지고 있다.

지방의 인민대표대회와 정부는 '행정구획' 부분에서 설명한 것과 같은 상황이다(72쪽 참조). 인대(人大) 상무위원회의 수뇌는 '주임', 정부의 수뇌는 '성장(省長), 자치구 주석, 시장, 현장' 등으로 불린다.

재판은 2심제

재판기관은 '법원'이며, 가장 상부에 있는 것이 최고 인민법원이다. 성(省)급에는 고급 인민법원이, 현(縣)급에는 기층 인민법원이 설치되어 있는데, 모두 3천여 개다. 그 중 어느 것에나 형사·민사·경제·행정의 네 개 법정이 있다.

중국의 재판은 2심제다. 기층법원에서 1심을 모두 심리하는 것이 아니라, 안건에 따라 각 급 법원에서 처리한다. 상소는 한 급 높은 법원에서 최종 판결을 내린다. 사형 판결, 사형·집행유예 2년의 판결(이것은 중국의 독특한 제도로, 2년 후에는 감형의 가능성이 있다)에 대해서는 최고 법원이 심사 허가한다.

중국에서는 검찰제도도 재판기관과 마찬가지로 행정으로부터 독립되어 있다. 최고 검찰원은 거의 '법원'과 대응해서 설치된다.

군사관계의 국가기관은 중앙군사위원회다. 주석, 부주석, 위원으로 이루어지는데, 결국 전인대에서 선출된다. 국가기관으로서는 위원회 외에 공산당에도 중앙군사위원회가 있고, 양 위원회는 동일한 멤버로 구성되어 '두 장의 간판'을 단다. '당이 군대를 지휘한다'는 일관된 원칙이 여기에서도 나타난다. 중국 특유의 문관 우위(Civilian Control)라 할 수 있다.

정치개혁은 가능한가

중국은 건국 이후 오랫동안 법체계를 정비하지 못하고, '공산당의 정책' '마오쩌뚱의 호소'에 의해 움직여왔다. '법치(法治)'가 아닌 '당치(黨治)' '인치(人治)'가 버젓이 통용되었던 것이다. 문화대혁명의 비극을 거쳐 법질서 확립의 중요성이 제기되면서, 1970년대 말 이후 경제와 관련된 많은 법규가 제정되고 시행되었다. 법규에 대한 준수, 특히 권좌에 있는 간부들에게 문제가 적지 않지만, 법치국가로서의 체제는 점차 정비되고 있다.

국가기구의 최대 문제는 공산당과의 관계다. '공산당이 전국 인민을 지도한다'는 것이 중국의 헌법에도 쓰여 있다. 행정을 담당하는 당원이 맡은 일을 통해 당의 방침과 정책을 실현하려고 노력한다는 것은 한 측면에 지나지 않는다. 앞서 말한 '당치' '인치'란 사실상 당원 간부가 모든 일에 개입하고 결정권을 갖는 데서 비롯된 폐해를 가리킨다.

'인치'에서 '법치'로 서서히 바뀐다면 이러한 문제들이 자연히 해소될 것인가. 그렇지도 않다. 농촌지역의 당서기가 영장도 없이 사람을 붙잡아 거칠고 노골적인 행동을 하는 경우는 많이 사라졌다 해도(지금도 가끔씩 눈에 띄기는 하지만), 영장발부와 판결에 대해서 재판관이 당조직의 결재를 맡아야 하는 등 서방측 삼권분립의 견지에서 보았을 때에는 '사법의 독립'을 의심할 만한 상황은 변하지 않은 것 같다. 이는 일례에 불과하지만, 중국판 정치개혁의 중점은 '당 지도'의 내용에 달려 있다. 거기에서 과연 변화가 생겨날 것인가, 만약 생겨난다면 어떻게 변화할 것인가 주목된다.

10 평화로운 국제환경을

외교관계

독립자주의 강조

중국 외교의 기본에 대해서는 건국 직전의 정협(政協) 공동강령 제54조에 "외교정책의 원칙은 자국의 독립 · 자유 · 영토주권을 완전히 보장하고, 국제적 항구적 평화와 각국 인민간의 우호협력을 옹호하며, 제국주의 침략정책과 전쟁정책에 반대한다"고 쓰여 있다. 여기서 독립자주, 평화옹호, 침략에 대한 반대 등이 강조되고 있는 데에는 그 이전의 피지배적 상황에 대한 반발이 담긴 것으로 보인다.

1949년 10월 건국 후 1951년 5월까지 소련 등 19개국과 외교관계를 수립, 1969년까지는 50개국으로 늘리고, 1971년에는 UN에 복귀하여 안보리 상임이사국으로서 활동을 시작했다. 그러나 그 시기를 전후해서 동서 냉전과 중 · 소 대립으로 갈등했고, 정치적 혼란과 국제적 고립을 겪기도 했으며, 과격한 혁명 외교를 전개하기도 했다.

중국 외교를 미·중·소의 삼극구조 내에서 살펴본다면, 1950년대에는 반미친소, 1960년대에는 반미반소, 1970년대에는 친미반소였다. 친미친소로 전환한 것은 근대화를 추진했던 1980년대에 들어서면서부터였다. 어째서 그토록 변화를 겪지 않으면 안 되었는가? 흐름을 따라 그 자취를 더듬어보자.

미·중·소 속에서

제2차 세계대전 후 동서 대립의 상황 속에서 미국은 타이완의 국민정부를 지원하고 중국을 군사적·경제적으로 막는 '봉쇄' 정책을 취했다. 한국전쟁에서는 미국과 중국이 직접 전쟁을 하기도 했다. 동일한 사회주의 국가인 소련과의 우호협력을 외교의 축으로 삼아 '향소 일변도' '중·소 밀월'의 시대를 구축했다. 그 사이 1954년의 인도차이나 전쟁에 관한 제네바 회의와 1955년의 아시아·아프리카 회의에서 저우언라이(周恩來) 총리가 활약하며 평화공존 외교를 전개했다.

그러나 중·소 관계는 1956년 2월 소련 공산당대회에서의 '스탈린 비판' 이후 악화되었다. 소련은 1959년 '국방용 신기술에 관한 협정'을 일방적으로 파기하고, 1960년에는 중국에 파견한 소련인 전문가를 귀국시켰다. 대립은 당관계에서 국가관계의 모든 부문에 미쳐, 1969년 3월에는 중·소 국경에 있는 전빠오따오(珍寶島) 및 기타 지역에서 군사충돌마저 발생했다.

미·소 양대국을 적으로 돌린 중국은 1960년경부터 외교의 초점을 반미 통일전선 결성에 집중시켜, 아시아·아프리카 여러 나라와의 교류증대로 일정한 성과를 거두었다. 그 당시 이론적 근거는 1963년부터 주장되어 온 '중간지대론'으로, 미국을 주적(主敵)으로 설정하고 미국과 사회주의 국가들(소련은 수정주의국으로 제외) 사이에 있는 나라들을 반미전선에 끌어들이려는 전략이었다.

때마침 문혁이 격화되면서 마오쩌뚱 사상을 외국에까지 선전한 것이 반발을 사게 되자, 아랍연합(현재의 이집트)을 제외한 각국 주재 대사들이 전부 베이징으로 소환되어, 일시적으로 외교부재의 상태가 되었다. 1965년의 9·30사건(용공쿠데타로, 그 배후에 중국이 개입되었다 함)을 계기로 인도네시아와의 외교관계가 동결되었고, 1967년에는 영국 대사관 방화사태까지 발생했다.

1969년의 당대회에서 채택된 당규약에서는 미 제국주의와 소련 수정주의의 타도를 외쳤고, 1974년에 제기된 '세 개의 세계론'에서는 주적(主敵)을 미국에서 소련으로 바꾸었다. 세계를 제1(미·소 양 초대국), 제2(일본, 유럽 등), 제3(발전도상국)으로 나누고, 제3세계는 제2세계와 연합하여 양대국의 패권주의에 대항해야 한다고 했다. 그러던 것이 '제1세계 중에서도 소련이 가장 흉악하다'는 것으로 되었다. 1975년 헌법에서는 소련을 '사회제국주의'라 공격했고, 1979년은 중·소 우호동맹과 상호원조조약 기간 만료 1년 전에 해당되는데, 이 해에는 자동연장 거부를 통보했다.

대미 비판의 간판은 여전히 내걸면서도 현실외교는 1970년대에 들어와서 유연해졌다. 1969년 대통령에 취임한 닉슨도 1971

년 7월 중국 방문을 결의하고 1972년에는 미 · 중 수뇌회담을 실현했다. 1979년 1월에 양국은 국교를 정상화하여 전후(戰後) 국제정치의 방향전환이라는 인상을 심어주었다. 미국과 중국의 공통점은 소련에 대한 경계심이었다. 중국은 중 · 일 국교정상화(1972년 9월)와 병행하여 서방 여러 나라와의 협조를 통한 근대화 추진을 목표로 삼았다.

1982년이 되자 소련이 중국과의 관계개선 의지를 나타냈다. 중국측은 외무차관 회담에서 ① 중 · 소 국경에서의 소련군 삭감과 몽골에서 소련군 철수 ② 베트남의 캄보디아 침략에 대한 소련의 지원 중지 ③ 아프가니스탄에서의 소련군 철수라는 세 가지 조건을 관계개선의 기초로 주장했다. 교섭이 계속되다가 1988년에 합의했고, 1989년 5월 고르바초프의 중국 방문으로 30년 만에 중 · 소 수뇌회담이 실현되었고, 국가관계 · 당관계도 정상화되었다.

닉슨의 중국 방문

전방위(全方位)의 외교로

이보다 앞선 1978년 12월 떵샤오핑(鄧小平)을 최고 지도자로 하는 중국은 당 중앙위 총회(11기 3중전회)에서 근대화 노선을 확정하고, 1982년 헌법의 전문에 "중국은 독립자주의 외교정책과 평화 5원칙을 견지하여 각국과의 외교관계와 경제 · 문화 교류를 발전시킨다. 또 반제(反帝) · 반(反)패권주의 · 반(反)식민지주의를 견지하여 세계 각국 인민과의 단결을 강화하고, 피억압민족 및 발전도상국 민족의 독립획득과 확보, 민족경제 발전을 위한 정의로운 투쟁을 지지하여 세계평화를 옹호하고 인류의 진보적 사업을 위해 노력한다"고 규정해놓았다.

반제 · 반패권의 입장을 견지한 채로, 중국 외교는 세계정세의 안정을 희망하며 평화공존을 중시하는 건국 초기의 입장으로 돌아갔다. 그때까지의 세계전쟁 불가피론이라든가 세계혁명론 같은 발상은 사라지고, 근대화 추진에 필요한 평화로운 국제환경 창출을 목표로 한 '전방위 외교'(「인민일보」 1985년 12월 31일)가 전개되었다. 소련권의 몽골, 동구권 각국과 인도 등과의 관계개선은 1980년대에 행해졌다.

대립에서 대화로, 긴장에서 완화로 나아간 중국 외교는 1989년 6월의 티엔안먼(天安門) 사건으로 한순간에 무너지고 말았다. 학생운동에 대한 무력진압을 비판하면서 미국이 곧바로 무기수출을 중지하고 군사교류의 금지 등 제재조치를 취했고, 계속해서 영국, 프랑스 등 서방 각국도 경제제재와 정부고관의 대중국 교류중지를 발표했다. 일본도 엔차관 동결 등의 조치를 취했다. 같은 해 7월에 열린 선진국 수뇌회의에서는 각료급 접촉

중지와 세계은행의 신규 융자 연기가 '중국에 보내는 선언'이라는 이름으로 표명되었다.

여기에 대해 중국은 제재조치는 내정간섭이며 "화평연변(和平演變 : 평화적 수단에 의한 사회주의 전복)을 기도하고 있다"고 반발하고, 사건 주모자들의 목적은 "완전히 서구에 종속되는 부르주아 공화국을 건설하는 것이었다"(6월 9일 떵샤오핑의 담화)는 자세를 누그러뜨리지 않았다. 그러나 예전처럼 외교를 첨예화하면서도 폐쇄적으로 되지는 않았고, 개혁 · 개방 노선은 여전히 견지했다. 타이완과 화교 자본이 유입되었고 관광수입과 차관만이 반감되었을 뿐, 투자는 약간 감소했고, 무역은 오히려 증대했다.

1989년 12월 미 · 소 몰타 회담에서 냉전종결이 선언되고 소련이 1991년 8월의 쿠데타 실패를 계기로 소멸되어 러시아를 위시한 독립국가공동체로 대체되었다. 따라서 중국은 국제사회가 불안정한 상태를 빠져나와 새로운 국제질서를 구축해야 한다고 강조하면서, 다음과 같이 밝혔다.

① 국가는 대소 · 강약 · 빈부의 차이에 관계없이 모두 국제사회의 평등한 일원이며, 어느 나라도 국제문제의 토의와 해결에 참가할 권리가 있다.

② 각국은 자국의 사정에 적합한 사회제도, 이데올로기, 경제모델, 발전의 길을 선택할 권리가 있으며, 타국은 이를 간섭해서는 안 된다.

③ 국제분쟁은 평화적으로 해결해야 하며, 무력행사나 무력에 의한 위협에는 반대해야 한다.

④ 현행의 불공정, 불합리한 경제질서를 변혁하여 호혜평등을 기반으로 새로운 경제질서를 구축해야 한다(1993년 3월 전인대에서의 정부활동 보고).

새로운 국제질서를

실제로 1990년대에 들어와서는 제3세계 도상국들과의 교류 긴밀화가 두드러지게 눈에 띈다. 외교관계를 동결했던 인도네시아와 1990년 8월에 국교를 정상화하고, 다음으로는 싱가포르, 브루네이와 ASEAN 각국과도 국교를 수립했다. 인접한 베트남(1991년 8월), 한국(1992년 8월)과도 국교를 정상화했다. 국제회의에서도 UN 외에 ASEAN 확대 외상회의, APEC(아시아·태평양 경제협력 각료회의) 등에 출석하였고, 베이징에서 환경과 개발에 관한 도상국 회의를 개최했다.

여러 선진국과의 교류강화에 전력을 기울이고 있지만, 네덜

클린턴 미 대통령과 회담하는 장쩌민 주석(1993년 11월)

란드, 프랑스 등과는 타이완에 대한 무기수출을 둘러싸고 마찰을 빚고 있다. 특히 미라주 전투기 60기를 매각한 프랑스를 강하게 비난한 중국은 1992년 꽝저우(廣州)의 프랑스 총영사관을 폐쇄하고, 동(同)시의 지하철 건설계획에서 프랑스를 배제하는 등의 조치를 취했다가, 1994년 프랑스 총리의 중국 방문 때에 정상 회복했다. 영국과는 패튼 홍콩 총독의 민주화 제안을 둘러싸고 심각하게 대립했었다.

미국과의 관계에서는 쟝쩌민 주석이 클린턴 대통령의 초대에 응해 시애틀에서 열린 APEC 비공식 수뇌회의에 참석(1993년 11월)하는 등 기본적으로는 안정을 유지하고 있지만, 오히려 해결되어야 할 현안은 많다. 불균형 무역, 타이완에 대한 무기수출, 인권문제 등이 그것이다. 1994년 10월 중국은 187개국과 외교관계를 수립하고 있다.

11 해협의 양안에서

타이완 문제

미 · 중 대립의 투영

중국에서 가장 큰 섬 타이완(臺灣)은 중화인민공화국의 입장에서는 한 성(省)으로 계산되지만 실질적으로 지배력이 미치지는 못하고 있다. 제2차 세계대전 직후의 국공(국민당과 공산당) 내전 상황이 지금까지 완전히 해소되지는 않았기 때문이다. 그러나 양자의 관계는 1978년을 계기로, 대결에서 교류로 일대 전환을 일으켜, 타이완 해협을 사이에 두고 양안(兩岸)의 관계는 긴밀도를 더해가고 있다.

본래 타이완에는 말레이 · 폴리네시아계 사람들이 거주하고 있었으나, 17세기 이래 대륙에서 한족이 건너와 개발하기 시작했다. 명말 청초에는 한때 네덜란드의 지배하에 있었으며, 청일전쟁(1894~1895년)의 결과 일본 식민지가 되었다가, 제2차 세

타이뻬이 시가지 풍경

계대전이 끝난 후에는 중화민국에 귀속되어 타이완 성 정부가 세워졌다. 1949년 국공내전에 패한 장지에스(蔣介石)가 타이완으로 피신하면서 타이뻬이(臺北)를 수도로 정하게 되었다. 총 인구 2,050만(1994년)의 대부분은 본성인(本省人 : 戰前부터의 거주자)이고, 약 10퍼센트가 외성인(外省人 : 戰後 들어온 사람)이다.

한국전쟁(1950~53)이 시작되자 동서 대립은 타이완 해협에도 영향을 미쳤다. 미국은 이전까지의 타이완 불개입정책을 깨뜨렸다. 중국군의 타이완 공격을 저지한다는 이유로 타이완 해협에 제7함대를 출동시킨 것이다. 중국은 1954년부터 1955년에 걸쳐 저장 성 따천따운(大陳島)의 국민당군을 공격해 물러나게 했고(제1차 타이완 해협 위기), 1958년에는 푸지엔(福建) 성 진먼따오(金門島)를 포격(제2차 타이완 해협 위기)하여, 미국과의 사이를 전투상황으로까지 몰고 갔다. 미·중간의 회담으로 개전의 위기는 넘겼으며 '타이완 해방(臺灣解放)' '대륙공격(大陸攻擊)'의 움직임도 어느 정도 마무리되었다. 그러나 대립은 계속되어,

홀수날은 공산군이, 짝수날은 국민당군이 포격하는 형식적 전쟁이 1978년까지 20년 동안 계속되었다.

정세의 전환에는 미·중간의 관계개선이 가장 유효했다. 1972년 2월 닉슨 미국 대통령이 중국을 방문한 후, 중국은 타이완 어선에 일기예보를 해주기 시작했고 국민당 전범의 석방과 타이완행 허용 등 일정한 긴장완화 조치를 취했다. 한편 미국도 1973년 타이완 주둔 미군을 대폭 철수시키고, 74회계연도부터는 무상 군사원조를 중지했다.

1978년 12월 16일 미·중 외교관계 수립이 선언되자, 중국은 다음날인 17일부터 진먼따오(金門島), 마쭈따오(馬祖島)에 대한 포격을 중지했다. 18일부터 열린 당 중앙위 총회(11기 3중전회)의 코뮤니케에서 "중·미관계의 정상화에 따라 우리나라의 신성한 영토 타이완이 조국의 품에 돌아와 통일의 대업을 실현할 전망이 열렸다" "타이완 동포, 홍콩·마카오 동포, 해외화교 동포가 애국정신을 바탕으로 함께 조국의 통일과 건설을 위해 계속해온 적극적 공헌을 환영한다"는 성명을 발표했다.

통일에의 호소

11기 3중전회는 떵샤오핑이 실권을 장악하고, 근대화를 본격적으로 추진하겠다는 의지를 명확히 한 무대였다. 그 이후 통일을 향한 호소가 강조되어, 1979년 원단(元旦)에 전인대 상무위원회가 발표한 '타이완 동포에게 고하는 서한'에서 3통 4류, 즉 통우(通郵), 통항(通航), 통상(通商)과 학술, 문화, 체육, 공예(工藝)의 교류를 제기했고, 신해혁명 70주년이 되는 1981년의 국경절(10월 1일) 전야에는 타이완 정책의 기본이라 할 수 있는 아래의 9개 항목을 제안했다.

1) 중화민족이 분열상태에 처해 있는 불행한 국면을 조기에 종결시키기 위해 우리는, 중국 공산당과 중국 국민당이 대등한 입장에서 교섭을 진행하고 제3차 합작을 실행하여 조국통일의 대사업을 완수할 것을 제안한다. 쌍방은 사람을 파견하여 접촉하고 충분히 의견을 교환한다.

2) 해협 양안(兩岸)의 각 민족과 인민은 상호 통신하고, 흩어진 가족이 다시 모이며, 무역을 하고, 이해를 심화시킬 것을 절실히 희망한다. 우리는 우편물의 교환, 통상, 항로개설, 친지방문, 관광 · 학술 · 문화 · 스포츠 교류를 위해 서로 편의를 도모하고, 이에 따른 계약을 체결할 것을 제안한다.

3) 국가통일을 실현한 후, 타이완은 특별행정구로서 고도의 자치권을 향유할 수 있고 군대를 보유할 수 있다. 중앙정부는 타이완의 지방사무에 간섭하지 않는다.

4) 타이완의 현행 사회 · 경제 제도를 변화시키지 않고 생활양식을 변화시키지 않으며, 외국과의 경제 · 문화 관계를 변화시키지 않는다. 개인의 재산, 가옥, 토지, 기업의 소유권과 합법적 상속권 및 외국투자는 침해하지 않는다.

5) 타이완 당국과 각계의 대표는 전국적 정치기구의 지도업무를 담당하고, 국정에 참여할 수 있다.

6) 타이완의 지방재정이 곤란에 처하게 되면 중앙정부가 상황에 따라 보조한다.

7) 타이완의 각 민족과 인민, 각계의 인사들로서 대륙에 와서 살기를 원하는 사람에게는 적당히 지원하고, 차별을 두지 않으며, 자유로이 왕래할 수 있도록 한다.

8) 타이완의 상공업계 인사들이 조국 대륙에 투자하여, 각종 경제사업을 시작하는 것을 환영하고, 그 합법적 권익과 이윤을 보장한다.

9) 조국통일에 대해서는 모든 사람에게 책임이 있다. 우리는 타이완의 각 민족과 인민, 각계 인사, 대중단체가 다양한 루트를 통해 여러 가지 방식으로 제안을 하며, 함께 국시(國是)를 협의할 것을 진정으로 환영한다.

이른바 1국가 2제도에 기초한 평화통일 구상으로, 떵샤오핑은 1983년 6월에도 평화통일은 이미 국공 양당의 공통언어가 되었고, 타이완 지방정부의 대내정책 유지를 인정하며, 타이완 특별행정구는 대륙과 다른 체제를 실시해도 좋다는 등의 언급을 했다. 그리고 1984년에는 대륙과 타이완을 이어준 역사적 창구로서 푸지엔(福建) 성 샤먼(厦門)의 모든 섬을 '경제특구'로 지정, 교류의 받침을 만들었다.

타이완측의 반응

이에 대한 타이완(당시는 蔣經國 총통)의 반응은 처음에는 매우 경직되어 있었다. 공산당과 타협하지 않고, 접촉하지 않고, 교섭하지 않는다는 '삼불(三不)정책'을 명확히 하였다. 1981년 4월의 국민당 대회에서는 중국통일은 삼민주의(孫文이 제창한 민족·민권·민생주의를 말함)에 의거해야만 한다고 결의했다. 그러나 정세가 변화하면서 삼불정책은 점차 유명무실해졌다.

첫째, 타이완 주민의 대부분은 대륙 출신 한족의 후예로서, 외성인(外省人)의 경우 가족마저 대륙에 두고 온 경우가 있어, 친족방문의 열망이 매우 강했다. 그러한 때에 문혁이 종결되어 대륙측 친지들과 연락이 되자, 홍콩 등을 경유한 타이완 주민의 대륙방문이 점차 늘어났다.

둘째, 타이완이 대미무역에서 흑자를 늘리면서 수출선의 다양화를 추구하던 중, 홍콩을 경유한 중국과 타이완간의 간접무역이 증대했다. 타이완은 화학섬유 원료·가전제품·오토바이 등을 수출했고, 한약·중국술·다기 등을 수입했다. 중국측이 한때 타이완산 물건을 국산으로 간주하여 면세로 취급하자, 수입공세가 집중된 적도 있었다. 타이완에서의 수입은 1979년 1억 6천만 홍콩달러에서 1981년에는 21억 8,200만 홍콩달러로 21배 증가했다.

셋째, 타이완에서 본성인의 발언력이 점차 강해지고 있다. 리떵후이(李登輝)가 타이뻬이 시장, 타이완 성 정부 주석, 부총통을 역임한 후 1988년에 본성인으로는 최초로 총통에 취임한 것도 바로 이러한 상황을 상징해준다. 그들은 종래의 반공 일변도가 아니라 새로운 대응방식을 찾고 있다.

이러한 흐름 속에서 타이완은 점차 삼불정책을 후퇴시켜, 1985년에는 간접무역을 공인했고, 1987년에는 대륙으로의 고향방문을 인정했다. 1984년 LA올림픽에서는 '중구어타이뻬이(中國臺北)'라는 호칭으로 올림픽에 중국과 타이완이 동시에 참가하게 되었다. 1986년 5월에 발생한 중화항공(타이완) 화물기의 꽝저우(廣州) 망명사건에서는 중국과 타이완간의 교섭으로 기체와 승무원의 반환을 이루기도 했다.

리떵후이 정권이 들어서자 행정원(行政院)에 대륙공작연락회의를 설치하여 교류를 조정하고, 대륙과의 우편물 접수를 시작(1988년 3월)했다. 베이징에서의 아시아개발은행 이사회 연차총회에 현직 장관 파견(1989년 5월), 전화 · 전보 · 텔렉스의 해금(같은 해 6월), 국가통일위원회 설치(1990년 10월), 해협교류기금회 설립(같은 해 11월), 내전상태 종결선언(1991년 5월) 등의 현실적 대응책을 차례로 내놓고 있다.

물론 교류증대 과정에서 문제점도 빈번히 생겼다. 타이완의 경제발전과 노동력 부족을 알고 그곳에서 기회를 얻으려고 타이완에 들어왔던 푸지엔(福建) 성 주민들이 송환되던 도중, 25명이 선창에서 더위와 산소 부족으로 질식사(1990년 7월)하거나, 다른 어선과의 충돌사고로 21명이 행방불명되기도 했다(같은 해 8월). 대기업인 타이완플라스틱이 대륙에 진출하려 했으나, 당국이 이에 반대했던 경우(같은 해 6월)도 있다.

그러나 교류는 전반적으로 확대되어 타이완에서 연간 약 120만 명이 대륙을 방문(1991년)했다. 따라서 20억 달러에서 30억 달러에 달하는 외화를 벌어들였고, 대륙에서도 연평균 2만 명이 타이완을 방문했다. 무역에서도 타이완으로부터의 수출이 약 46억 달러(전체 수출의 6.0퍼센트), 수입이 약 11억 달러(전체 수출입의 1.7퍼센트, 모두 1991년)이며, 약 2만 개의 타이완 기업이 대륙에 진출하여, 1993년 말의 투자액은 150억 달러(계약 베이스)라고 한다.

민간회의 개최

양안(兩岸) 교류가 활발해지면서 중국과 타이완의 민간조직간의 정상회담이 1993년 4월 27일부터 29일까지 싱가포르에서 열렸다. 중국측에서는 쟝쩌민 총서기의 신임을 받는 왕따오한(汪道涵) 전 상하이 시장(해협양안관계협의회 회장)이, 타이완측에서는 리떵후이 총통과 가까운 꾸전푸(辜振甫) 해협교류기금회 회장이 각기 국공내전 이후 최초로 고위급 회담에 참석했다.

회담에서는 두 회(會)의 정기협의 개최에 관한 협정과 경제교류 강화의 내용을 담은 '공동협의서' 등 네 개의 문서에 합의함으로써, 이후로는 이 문서에 근거하여 각 레벨에서의 정기협의의 개최와 무역투자, 문화, 과학기술 등의 분야에서 교류확대를 진행해나갔다. 회담 후의 기자회견에서 왕(汪) 회장은 "역사적 의의를 갖는다"고 했고, 꾸(辜) 회장은 "교류에 새로운 장을 열었다"고 하여, 여러 성과를 인정했다.

중국과 타이완이 대화의 시대에 접어들었지만, 그것이 곧바로 통일과 직결되는 것은 결코 아니다. 리떵후이 총통은 취임 3년을 맞은 1993년 5월, 내외신 기자회견에서 '생명공동체'로서 타이완의 주체성 확립을 우선시했고, 중국과의 관계개선은 신중히 전개해나가겠다고 했으며, 중국 수뇌와의 회담에 대해서는 시기상조라고 부정했다.

한편 중국은 8월 말, '중국은 하나' '타이완은 중국의 일부'라는 기본 원칙을 강조하는 내용의 '타이완 백서(臺灣白書)'를

베이징에서 개최된 타이완 기업 이벤트(1993년 7월)

발표했다. 그러나 이 발표는 그달 초에 과테말라, 니카라과 등 타이완과 외교관계를 갖고 있는 중미 7개국이 합동으로 갈리 UN 사무총장에게 편지를 보내 타이완의 UN 가입 문제를 검토해달라고 요구했던 데에 대한 반격으로 관측되기도 했다.

1994년 2월 리떵후이 총통이 춘절(春節 : 설) 휴가에 필리핀, 인도네시아, 타이 등 ASEAN 3개국을 차례로 방문하여, 라모스 대통령, 수하르토 대통령과 비공식회담을 했고, 프미폰 국왕과도 회견했다. 주체성 확립의 움직임이었겠지만, 중국은 이것을 경계하여 휴가외교의 본질은 '두 개의 중국', '하나의 중국과 하나의 타이완'을 만들려는 음모라고 비판했다. 1994년 9월에는 리떵후이 총통이 아시안게임(일본 히로시마 개최)에 참가하겠다는 희망을 표시하여 중·일관계에도 파문을 일으켰다. 양안관계의 진전은 긴 호흡으로 내다보아야 할 것이다.

12 주권반환을 둘러싸고

홍콩 · 마카오

식민지로서

중국 남단에 있는 주장(珠江) 하류 유역에는 선사시대부터 '백월(百越)'이라는 각종 월족(越族)이 살고 있었다. 중원의 한족이 남하한 것이 진(秦) · 한(漢) 무렵이었고, 당대(唐代)에는 광저우(廣州)가 '해상 실크로드'의 거점으로 번영했다. 다만 하구의 홍콩 · 마카오 주변은 겨우 향목(香木)의 재배로나 알려졌을 뿐, 해변의 조용한 농어촌에 지나지 않았다.

16세기 중반에서야 포르투갈인이 마카오에 정착하기 시작했다. 명대에 관군을 도와 해적토벌에 공을 세웠던 것으로 되어, 아편전쟁(1840년) 이후 1885년에 조인된 리스본 의정서와 함께 1987년 마카오 할양에 관한 포청조약(葡淸條約)에서 마카오를 포르투갈령으로 확정했다. 면적 15.5km^2에 인구 약 45만이었다.

영국의 중국 진출은 포르투갈, 네덜란드 등에 비해 상당히 늦은 1637년부터였다. 모직물 · 시계 · 아편을 수출하고, 비단 · 차 등을 수입했다. 중국(淸朝)이, 아편유입을 금지하자 영국은 강력한 군사력을 동원하여 난징 조약을 맺고(1842년), 홍콩 섬 할양을 얻어냈다. 다음에는 애로우호 사건 이후의 베이징 조약(1859년)에서 지우룽(九龍) 반도를 영국령으로 하고, 1899년에는 홍콩 지역 확장에 관한 조약을 체결하여 99년 동안의 신계(新界) 지역 조차(租借)를 확보했다. 이렇게 되자 홍콩 섬, 지우룽(九龍), 신계(新界)로 구성되는 현재의 식민지 홍콩이 형성되었다. 총 면적 1,062km²에 590만 명(1993년)이 살고 있다.

홍콩의 발전은 영국의 자본과 기술에 크게 힘입었다. 1860년대부터 금융, 보험, 조선, 해운회사가 차례로 설립되었고, 가스와 수도를 사용하기 시작했다. 정치적 · 경제적 혼란이 계속된 중국 대륙으로부터의 난민과 고향을 떠난 노동자가 들어와 산업을 지탱해갔다. 그러한 상태가 약 100년 지속되었다. 제2차 세계대전 중인 1941년부터 3년 8개월 동안은 일본 군정하에 놓였지만, 전후에는 다시 영국이 홍콩을 지배했다.

대륙의 국공내전(1947년)으로부터 중화인민공화국 수립(1949년 10월)의 시기에 걸쳐 인구가 한꺼번에 밀어닥치듯 들어와, 홍콩은 입경(入境) 관리조례를 공표하고 대륙과의 자유왕래를 금지했다. 또 UN은 한국전쟁이 한창이던 1951년 5월, 중국에 대한 전략물자 금수(禁輸)조치를 취했으며, 홍콩도 이에 따랐다. 두 조치를 통하여 그때까지 이주한 중국인은 홍콩을 임시숙소가 아닌 고향으로 여기고, 방직 · 고무 등의 지역산업을 일으

홍콩 전도

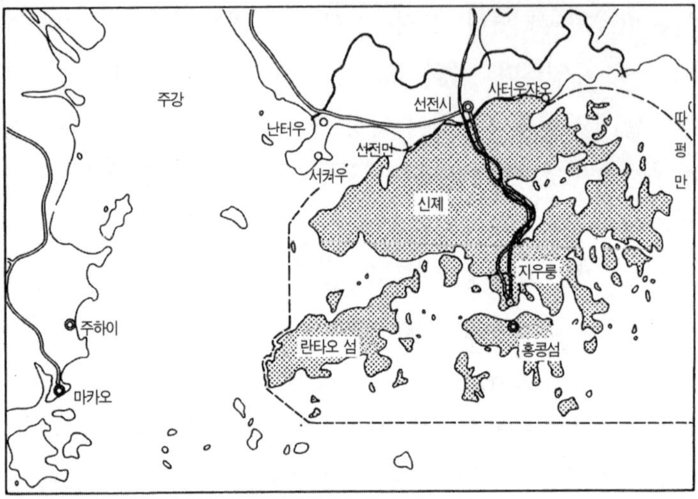

켜 가공무역항으로서의 성격을 강화시켰다.

중국은 건국시기에 불평등조약 철폐 의지는 나타내면서도 홍콩·마카오의 해방에 대해서는 언급하지 않았다. 1962년 12월 소련으로부터 "식민지를 방치해둔다"고 비판받으면서도, 「인민일보」(1963년 3월 8일)를 통해 "우리는 조건이 이루어진 시점에서 대화로써 평화적으로 해결할 것이며, 해결될 때까지는 현상을 유지할 것을 일관되게 주장한다"고 밝혔다. 문혁에 이어 발생한 1967년의 홍콩·마카오 폭동 때에도 식민지 해방은 입에 올리지 않았다.

반환교섭의 성립

신제(新界) 조차기한이 만 15년 남은 시점인 1982년 6월경에 홍콩의 장래가 본격적으로 논의되기 시작했다. 같은 해 9월 중국을 방문한 대처 영국 수상이 "홍콩의 번영과 안정을 유지하는 공통목적에 기반하여, 외교망을 통해 교섭을 진행할" 것에 동의, 약 2년 동안의 교섭을 거쳐 1984년 9월 26일, 홍콩 반환에 관한 중·영(中英) 합의문서에 가(假)조인(같은 해 12월 19일에 본조인, 1985년 5월 27일 비준서 교환으로 발효)했다. 이로써 홍콩의 주권은 1997년 7월 1일을 기해 영국에서 중국으로 옮겨질 것이 확정되었다.

합의문서의 요점은 ① 주권반환 후에도 50년간은 정치·경제제도, 생활양식을 바꾸지 않고 ② 사회주의 중국이 자본주의 홍콩의 현상황을 인정하며 ③ 외교와 국방을 제외하고는 홍콩 주민의 자치에 맡긴다는 점이다.

교섭 초반에 영국은 난징 조약 등 식민지 홍콩의 형성을 결정한 세 가지 조약의 유효성을 주장하여, 주권이 중국에 있다는 것을 인정하면서도 중국이 자본주의 홍콩을 경영할 수 있을까

홍콩 반환의 본조인식

하는 의문을 제기했었다. 홍콩 주민들 사이에서도 홍콩의 사회주의화에 반대하는 목소리가 있었다. 이에 대하여 중국은 "하나의 중국이라는 것을 기본으로 하여 사회주의와 자본주의 두 제도를 인정한다"라는 이른바 1국 2제도를 제시하였고, 이것이 합의의 원동력이 되었다.

자오쯔양(趙紫陽) 당시 총리는 중·영 합의의 의의에 대하여 ① 홍콩의 장기적 안정과 번영, 중국의 통일과 근대화 건설을 돕고 ② 국제분쟁의 평화적 해결에 새로운 경험을 제공하여 ③ 극동과 세계의 평화를 돕는다는 점을 강조했다.

또 하나의 식민지 마카오의 반환교섭은 홍콩보다 부드러웠다. 1979년 2월 중국과 포르투갈의 국교회복의 시기에 임하여 양국은 이미 "마카오는 중국의 영토다. 그러나 포르투갈의 행정하에 있다"는 데에 합의하여, 주권문제를 홍콩보다 먼저 해결했다. 1986년 6월부터의 교섭에서도 큰 대립점은 없었고, 1987년 3월 26일에는 마카오 문제에 관한 공동성명에 가조인(정식 조인은 같은 해 4월 13일)했다. 합의내용은 홍콩과 거의 마찬가지였으나, 주권반환은 2년 뒤인 1999년 12월 20일로 정해졌다. 이렇게 해서 중국의 식민지는 20세기 중으로 없어진다.

과도기의 과제

주권반환 교섭이 합의에 이르면서 홍콩·마카오도 과도기에 접어들었다. 합동연락소위원회와 토지위원회가 설치되면서, 헌법이라 할 수 있는 여러 가지 '기본법'이 초안심의에 들어갔고, 홍콩에서는 중국, 영국, 홍콩 주민의 입장과 사고방식의 차이로 신공항 건설 등을 둘러싸고 불협화음이 생겨났으며, 예기치 못했던 주권이행의 곤란한 점들에 대해서도 의견이 제기되었다.

홍콩의 중국인은 본래 공산당이 싫어서 유입되어 온 사람들이 주류를 형성하고 있기 때문에 중국으로의 주권반환에 저항하는 사람조차 있었다. 그 중 하나의 표현이 해외이민으로, 공표되지는 않았지만 1970년대 중반에는 매년 평균 3만 8천 명, 1981년부터 1986년까지는 연간 2만 명(『明報』 1988년 10월 13일), 1988, 1989년에는 각 4만여, 1990, 1991년에는 6만 수천 명이라 전해진다. 특히 이민을 떠난 후에 다시 홍콩에 돌아와 일하고 있는 '타이콩런(太空人 : 단어의 원뜻은 '우주인'이나 여기서는 '單身赴任者'를 가리킴-역주)도 상당수 있다고 한다.

또 한 가지는 젊은 지식인을 중심으로 한 민주화운동인데,

홍콩 특별행정구의 정기(正旗 : 왼쪽)와 구장(區章 : 오른쪽)

※ 붉은 바탕에 자형화(紫荊花)를 흰색으로 띄우고, 그 안에 다섯 개의 별을 배치하였다. 붉은 바탕과 다섯 개의 별은 중국을, 자형화는 홍콩을 의미하며, 적과 백으로 일국양제(사회주의와 자본주의의 공존)를 나타내고자 했다.

홍콩 정청(政廳)의 정치제도 개혁을 지지하여 1985년과 1988년의 구의회 선거에 후보자를 세우는 등 적극적으로 정치에 참여해왔다. 또 기본법 심의에 즈음해서는 "홍콩 특별행정구의 장관은 주권반환 직후부터 직접선거에 의해 선출"할 것을 주장하여, 중국측이 내세운 '당초에는 간접선거'에 반대했다(1990년 4월에 성립된 기본법은 "선출위원회가 협의하고, 협의된 상태에서 지명선거에 의한 인선, 그리고 중앙정부가 임명한다"고 되어 있다).

1989년 중국에서 민주화를 요구하는 시위가 발생하자 홍콩의 민주파는 곧바로 지지를 표명하여 운동자금을 지원하는 외에, 베이징 시에서 계엄령이 발동된 이튿날인 5월 21일에는 100만 명의 시민이 홍콩 최대 규모의 시위를 전개했으며, 6월 4일의 무력진압에 대해서는 중국 정부에 강한 불신감을 나타냈다. 중국의 민주화 탄압을 홍콩의 장래와 결부시켜 심각하게 받아들였기 때문이다.

다음으로 현안이 되었던 것은 신공항 건설계획이다. 윌슨 홍콩 총독이 1989년 10월 중국 정부에 사전 설명하고 나서 총액 1,270억 홍콩달러에 달하는 대형 프로젝트를 공표하자, 중국측에서는 '영국은 현재 700억 홍콩달러의 홍콩 정청 재정잉여금을 1997년 반환시까지 다 써버리려는 것'이라는 의구심을 갖게 되었다. 중·영 교섭의 결과 1991년 6월에는 '요해각서(了解覺書)'의 가조인에까지 이르렀다. 중국측 입장에서는 영국의 독단적 행동이 두드러져 보였으므로, 1994년 1월에 "영국측의 재무수당에서 1997년 이후 남겨질 채무는 450억 홍콩달러를 넘는다. 이것은 요해각서에 정해진 채무 총액의 9배 이상이다"라고 비난하고, 1997년 7월 이후에 걸쳐 있는 계약의 무효를 선언했다.

민주화의 행방

1992년 7월에 부임한 패튼 신총독은 입법평의회에서 가진 10월 시정방침 연설에서 홍콩의 민주화 촉진을 제기하고, 반환 이전의 마지막 선거인 1995년의 입법평의회 의원(정원 60명) 선거에서 ① 유권자 연령을 현행 21세에서 18세로 낮추고 ② 직능단체별 선출의원수를 21인에서 30인으로 늘리며, 참가할 수 있는 유권자의 범위를 단체에서 개인으로 하고 전체 노동인구를 270만 명으로 확대하며 ③ 선거위원회 선출의원(10만 명)의 대부분을 주민의 직접선거에서 뽑힌 구의회 의원에게 위임하고 ④ 직접선거 의원수를 18인에서 20인으로 늘린다는 내용을 나타냈다.

중국측은 이것이 중·영 합의 및 기본법에 위배되는 것이라고 비난하고, 1993년 4월부터 의견조정 교섭을 진행하였으나, 패튼 총독은 1993년 12월과 1994년 3월 두 차례에 걸쳐 선거개혁 법안을 입법평의회에 제출하여, 중·영 협의는 결렬되고 말았다. 영국의 강경자세에 대하여 중국은 "역사적으로 보자면 영국은 부득이하게 식민지에서 귀환하면서 충분한 이익을 챙겼을 뿐만 아니라, 분열과 대립을 일으켜 그 땅에 한없는 재앙만을 남겼다"는 견해(『베이징 주보』 1994년 4호)마저 보였다.

이러한 분쟁과는 상관없이 홍콩은 과도기에도 발전을 계속하고 있다. 특히 인접하고 있는 주장(珠江) 델타로의 진출이 눈에

반환을 앞둔 1997년의 홍콩

띈다. 홍콩 자본이 원재료, 부품, 생산설비, 기술을 제공하고 광뚱(廣東) 성의 저렴하면서도 풍부한 노동력을 이용해서 노동 집약형의 경공업품을 제조, 홍콩을 경유하여 수출하는 분업체제를 확립했다. 홍콩의 제조업 취업인구는 72만 명(1990년 말)이고, 광뚱(廣東) 성에서 홍콩 기업에 종사하는 중국인 노동자는 300만 명 이상이라고 한다.

토막상식

화교 · 화인(華人)의 활약

해외로 이주한 중국인과 그 자손을 화교(華僑)라 부른다. 엄밀히 말하자면 여전히 중국 국적을 갖고 있는 사람은 화교, 현지 국적을 취득한 사람은 화인(華人)이라 해야 한다. 그 중 약 90퍼센트가 화인(華人)임에도 중국 문화를 간직하고 있다면, 한데 아울러 화교라 부르는 경우가 많다. '물이 닿는 곳에 화교가 있다'라는 말처럼, 동남아시아를 중심으로 세계 각지에 거주하는 그들의 총수는 2,500만 명 내지 3천만 명이라 한다. 출신지는 광뚱(廣東), 푸지엔(福建), 하이난(海南)의 3성(省)이 압도적이다.

해외로의 이주는 당(唐), 남송(南宋) 무렵부터 시작되어 청대 아편전쟁 때까지 약 100만 명에 달했던 것으로 추산된다. 오히려 그 후로 인구증가, 자연재해, 정치적 혼란과 망명, 해외무역의 발전 등 여러 가지 이유로 더욱 증가했다. 제2차 세계대전 후 잠시 뜸했으나, 1980년대에는 인도차이나 난민과 중국 · 타이완 · 홍콩의 중국인이 구미 선진국으로 도피하는 경우가 두드러지게 나타났다. 그들은 신(新)화교라 불리기도 한다.

화교들 대부분은 이주하여 정착한 장소에서 '탕런지에(唐人街 : 차이나 타운)'를 형성하고 서로 도와가며 경제활동을 영위하여 재산을 모았다. 1992년 당시 310명의 세계 대부호 중 중국계가 24명으로 7.7퍼센트를 차지하여 미국, 독일, 일본에 이어 4위였다. 동남아시아에 한해서 보자면 자산액 10억 달러 이상의 대부호 11명 중 10명이 중국계라 한다(미국 『포브스』 조사에 의함).

중국 대륙과의 경제적 연계를 보면, 청말에는 쑨원(孫文) 등의 혁명운동을 도왔고, 중일전쟁 때는 해외 항일단체를 결성하여 자금을 원조했다. 또 고향으로의 송금은 신중국 건설에 기여하기도 했다. 그러나 위력을 발휘했던 것은 오히려 중국이 근대화 건설을 시작하면서부터였을 것이다. 그들은 타이완 · 홍콩 · 마카오의 중국인과 결합하여 '화인경제권'을 구성하고(총 인구 약 5,500만 명), 중국과의 무역과 중국에 대한 투자를 활성화했다. 화인경제권의 외화준비고는 미국과 일본의 것을 합친 것과 맞먹는다고 한다.

세계에 널리 퍼져 있는 화교

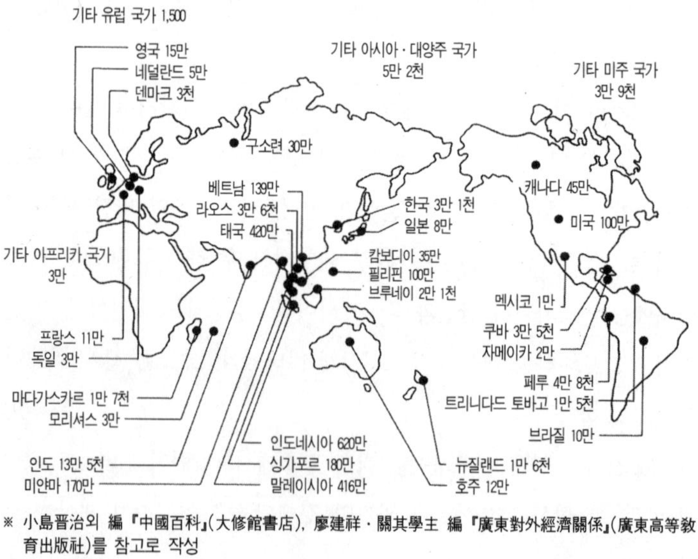

※ 小島晋治외 編 『中國百科』(大修館書店), 廖建祥 · 關其學主 編 『廣東對外經濟關係』(廣東高等教育出版社)를 참고로 작성

13 또 하나의 근대화

인민해방군

해방군의 성립

중국 군대를 인민해방군이라 하는데, 그 전신은 노농홍군(勞農紅軍)이다. 1927년 8월 중국 공산당의 저우언라이(周恩來), 주떠(朱德) 등이 장시(江西) 성 난창(南昌)에서 무장봉기를 일으켜 장지에스의 국민당군을 공격했다. 이어서 같은 해 9월에는 마오쩌뚱이 후난 성에서 추수(秋收) 봉기를, 12월에는 장타이레이(張太雷) 등이 꽝저우(廣州) 봉기를 지도하였다. 이들 봉기에 가담한 농민, 노동자, 병사들이 노농홍군을 창건했다. 그렇기 때문에 난창(南昌) 봉기가 있었던 8월 1일이 지금도 건군기념일이 되고 있다.

노농홍군은 1933년에 30만을 헤아릴 만큼 발전하여 장시(江西) 성 징깡 산(井岡山)을 중심으로 근거지를 구축했지만, 국민당군의 거듭된 포위토벌 때문에 장정(長征)을 떠날 수밖에 없었다. 1935년 10월, 주력군은 산시(陝山) 성 북부로 이동했다. 그 사이인 1935년 1월, 마오쩌뚱은 꾸이저우(貴州) 성 쭌이(遵義)에서 열린 정치국 확대회의에서 지도적 지위를 확립했다.

1937년 7월 중일전쟁이 발발하자 공산당은 국민당과 민족통일전선을 결성했다. 홍군의 주력부대는 국민혁명군제팔로군(八路軍)으로 재편되고, 화난(華南)에 산재해 있던 유격대는 국민혁명군육군신편제4군(新四軍)으로 개칭되었다. 항일전쟁 종결 시점에 팔로군은 120만 명까지 증대되었다.

1946년 6월 국공내전 발발과 동시에 팔로군(八路軍)과 신사군(新四軍)은 인민해방군으로 개칭되어, 3년여의 해방전쟁을 거친 후, 타이완을 제외한 전 영토를 통치하에 두었다. 1949년 10월 건국 후에 그 임무는 해방에서 국방·정치 권력을 유지하고, 국내질서를 수호하며, 외적으로부터 자국을 방위하는 것으로 바

난창(南昌)봉기 기념관

뀌었다. 한국전쟁이 종결된 후 근대적 정규군으로 개조되기 시작했다.

해방에서 국방으로

1954년에 제정된 헌법에서 군의 통수권을 장악하는 국가주석(당시 毛澤東)과 국방부(국방부장 彭德懷)가 창설되었고, 1955년에는 의무병역제도와 계급제도가 도입되었다. 국방공업의 건설을 추진하는 외에 핵무기 개발을 목표로, 1957년 10월 소련과 체결한 국방신기술협정에서는 소련으로부터 원폭의 견본과 제조에 관한 기술자료의 제공을 결정지었다.

그러나 1958년에 시작한 대약진 운동은 사태를 일변시켰다. 근대화를 추진해온 펑더화이(彭德懷)가 비판받아 실각하고, 통상병력의 근대화를 대신해서 인민전쟁론이 영향을 미쳤다. 적이 침입하면 전국에 조직된 인민공사를 거점으로 하여, 농민군과 유격대가 적을 섬멸한다는 노농홍군 시대의 전통이 부활한 것이다. 핵개발의 방침은 견지하면서도, 중·소 대립의 여파로 국방신기술협정이 파기되고, 계획은 일단 좌절되었다.

국제적 고립과 국내의 경제적 난관에도 불구하고 중국은 "바지를 못 입는 한이 있어도 핵을 가져보겠다"(陳毅 외무부장의 발언)고 하면서, 1964년 10월 초에는 원폭실험에 성공하고 1967년 6월에는 수폭실험을 감행했다. 인민전쟁론과 핵개발의 병행은 모순되는 것이지만, ① 핵을 개발하는 편이 통상적인 병기개발보다 값이 싸고 ② 핵보유국이 되어야 미·소에 대항할 수 있으며 ③ 핵을 보유하면 인민전쟁론을 우위에 두고 진행시킬 수 있다는 등으로 생각했던 것 같다.

다만 그 후로 중국 정치가 문혁 때 혼란을 겪고, 그것을 수습하려고 군이 개입한 결과, 1969년 4월의 당대회에서는 군인이 당위원회에 77명, 후보로는 50명 선출되어 중앙위원회의 45퍼센트를 차지하는 이상사태가 생겨났다. 국방부장 린뻬아오(林彪)는 당 부주석으로 승진하자, 차기 국가주석직을 노리고 마오쩌뚱 암살을 꾀하다가 실각하여 소련으로 망명하던 도중 사망했다. 그 후 마오쩌뚱, 저우언라이 등 지도자의 사망, 사인방의 체포, 과도 정권으로서의 화구어펑(華國鋒) 등장에 이어 근대화가 재개된 것은 1978년 12월로, 떵샤오핑이 실권을 장악하면서부터였다.

떵샤오핑은 1981년 6월 당중앙군사위원회 주석(1983년 6월, 신설된 국가중앙군사위원회 주석을 겸임)이 되자, 1982년 헌법에서 "무장력의 혁명화 · 근대화 · 정규화 건설을 강화한다"는 방침을 명문화했다. 구체적 정책의 틀은 근대전에 적합한 군사전략의 확립, 병기체계의 근대화, 군조직의 재편성, 노간부의 정리와

군기와 군대마크

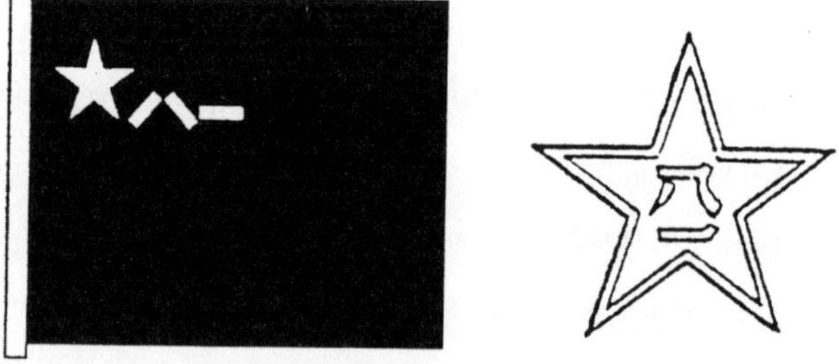

※ '八一'은 1927년 8월 1일의 난창봉기를 기념하는 것이며, 현재 8월 1일은 건군기념일이다.

간부의 전문화 · 지식화 · 연소화 등이다.

군사전략의 변화

1982년 당규약에 "모든 국가와의 사이에 평화 5원칙에 기반한 관계발전"이라는 내용이 포함되면서 군사전략에서 주목할 만한 변화가 생겨났다. 그러한 인식 위에서 세계전쟁 불가피론을 대신하는 새로운 구상이 생겨나게 된 것인데, 장래의 전쟁은 소규모의 국지전(局地戰)이 될 것이며, 그 대응은 인민전쟁론이 아니라 '적극 방어', 즉 적이 공격해 오면 곧바로 반격한다는 집단군화 구상이 제기된 것이다(1983년 6월의 전인대 회의).

집단군이란, "보병 중심주의를 지양하고, 화력 · 기동력을 강화하여, 통합전력의 충실을 꾀하는 것이며" "지휘를 간소화하고 각 군종(軍種)과 병종(兵種)을 협력 · 연합하여 부대를 구성하고 즉각적 대응태세를 갖추는 것"으로, 1979년 2~3월 사이에 있었던 중월전쟁의 체험과 반성이 담겨 있는 것이다. 구체적 시책은 다음과 같다.

- 병력의 삭감 : 비전투대원의 민간전환 방침에 기초하여, 1984년까지 기본 건설공병은 건설공사로, 변경 경비부대는 인민무장경찰부대로, 철도병은 철도부로 이관(移管)했다. 다음으로 군의 재편과 간부의 연소화에 대해 보병부대와 노령간부를 중심으로 1987년 건군 60주년까지 100만 명의 병력을 삭감했다. 다만 기계화부대와 젊은 간부는 강화했다. 병력삭감의 문제를 인민무장경찰부대 등 지방 무장세력의

확대 개편으로 보는 견해도 있다.

- 병기의 근대화 : 새로운 병기, 장비개발을 위주로 하는데, 1980년 ICBM(대륙간 탄도미사일) 발사, 1981년 위성 발사, 1982년 운반로켓 발사 등 여러 가지를 성공시켰다. 이와 동시에 제3세계 국가들에 무기를 수출하여 외화를 벌어들이고, 그 외화로 미·소로부터 선진적 병기와 개발기술을 도입하려고 노력했다. 최근 들어 해군력의 충실화가 두드러지고 있는데, 이에 대해서는 뒤에서 기술하기로 한다.
- 군의 재편 : 11개이던 대군구(大軍區)가 7개(北京, 瀋陽, 廣州, 南京, 濟南, 蘭州, 成都)로 통합되었고, 4천 개 이상의 사단·연대급의 단위가 폐지되었다. 보병부대의 전면적 삭감과 아울러 포병, 장갑병, 통신병 등 기술부대가 증설되면서 종래의 야전군이 집단군으로 대체되었다. 집단군의 군사연습은 1986년 여름 이래 반복되었는데, 공중에서 지상에 이르는 10수종의 병종(兵種)이 긴밀히 호응하여, 근대적 전쟁개념하에 협동작전을 수행했다. 또 1984년에 채택된 신병역법(의무병제를 중심으로 지원병제를 병용. 병역기간은 육군 3년, 해·공군은 4년)에서는 1965년에 폐지된 계급제도가 부활했다.
- 인재의 육성 : 마오쩌뚱 시대의 '전쟁중에 간부를 양성한다'는 방침을 부정하고, 지휘관학교, 기술간부학교 등에서의 학교교육을 중시했다. 1987년 말과 1982년을 비교하자면, 군, 사단, 연대급의 지도간부 중에는 대학졸업자가 1.2퍼센트에서 61퍼센트로, 1.6퍼센트에서 70퍼센트로, 1.2퍼

센트에서 50퍼센트로 늘어났다. 이는 간부의 연소화, 지식화, 전문화를 추진한 결과이기도 하다.

이상의 각 정책으로 구성된 인민해방군의 현황을 살펴보면, 정규군은 육군 230만, 해군 26만, 공군 47만으로, 총병력 303만 명이며, 그 외에 인민무장경찰부대 인원이 185만 명이다. 전략 로켓부대는 ICBM 68기, 탄도미사일 탑재 원자력 잠수함(SSBN) 1척을 보유하고 있다. 핵실험은 1994년 10월까지 41회 행한 것으로 추정된다. 국방비는 1989년부터 매년 10퍼센트대씩 신장되어, 1994년에는 22.4퍼센트 증가된 520억 4천만 위엔(元)이 되었다.

해군력의 증강

이러한 국방비 증가와 아울러 동남아시아 여러 나라에 경계심을 불러일으킨 것은 해군력의 증강이다. 중국 해군은 원자력 잠수함 3척, 보통 잠수함 84척을 포함한 전력잠수함 부대를 창설하여, 함선의 톤수를 1980년의 47만 톤에서 1991년에는 98만 톤으로 배나 증가시켰다. 목표는 안정된 환경하에서의 근대화 추진을 위한 것이라지만, 해군 부사령관이 "영유권을 둘러싸고 국제적 분쟁이 되고 있는 난사(南沙) 제도(諸島) 등의 권익을 지키기 위하여, 넓은 지역을 커버하는 해군력을 갖지 않으면 안 된다"고 발언한 것도 간과해서는 안 된다.

난사(南沙) 제도를 둘러싸고 중국은 일찍부터 영유권을 주장해왔고(1992년 2월의 영해법에서 확인), 1987년 간이 해양관측소를 많이 만들면서부터는 마찬가지로 영유권을 주장하는 베트남과 분쟁을 일으켜, 1988년 3월에는 양군 함정이 교전하기도 했다. 그러나 중국 해군은 그 후에도 제도(諸島) 일대의 순찰을 강화하는 외에, 시사(西沙) 제도 최대의 섬인 융싱따오(永興島)에 길이 2,600미터의 활주로를 가진 비행장과 항만을 건설하고(「讀賣新聞」 1993년 8월 4일 및 21일), 주변에서의 작전을 준비하고 있다.

물론 중국도 난사(南沙), 시사(西沙)를 포함한 남지나 해 공동개발의 가능성을 찾는 국제회의에 참가하여, 1991년 7월의 반둥 회의에서, 영유권 문제를 보류하고, 항행의 안전과 해양자원의 조사 등 공동작업이 가능한 분야를 개척하며, 영토와 관련된 어떠한 문제도 논의하여 평화적으로 해결한다는 등 6개 항목의 공동성명을 발표했다. 그러나 공동개발에서 중국의 속도대로 진행된다면 그만큼 중국위협론이 강해지게 된다.

중국의 핵정책에 대해 1993년 9월 UN총회 연설에서 치엔치천(錢其琛) 당시 외교부장은 ① 핵무기의 전면금지와 완전폐기를 의사일정에 올려야 한다 ② 현단계에서 목표달성이 무리라면, 핵보유국은 핵무기를 먼저 사용하지 않고, 비핵보유국과 비핵지대에 핵무기를 사용하지 않는다는 협정을 체결해야 한다 ③ 중국은 언제 어떤 상황에서도 먼저 핵무기를 사용하지 않으며, 비핵지대와 비핵보유국에 대해서는 핵을 사용하지도, 또 그것을 통해 위협하지도 않는다고 말했으며, 1993년 10월의 지하 핵실험 때도 그 논리를 반복했다. 핵무기를 보유하면서도 폐기를 주장하는 것은 모순이지만, 중국이 미·소(현재는 러시아)의 핵위협에 대항하기 위해서는 핵개발이 필요했다고 할 수 있다.

제3장

산업과 경제개방

14 다양화와 불균형

경제의 특징

기본적 국정(國情)

불과 얼마 전까지도 세계에서 가장 활력에 넘치는 지역은 동아시아였다. 그 중에서도 중국의 성장은 두드러졌다. 제8차 5개년 계획(1991~1995년)의 실질적 성장목표를 6퍼센트에서 8~9퍼센트로 상향 수정했음에도 실적은 1992년 12.8퍼센트, 1993년에는 13.4퍼센트로 애초 목표를 더욱 웃돌았다.

또 세계은행은 1993년 발표한 보고서에서 중국 대륙에 홍콩, 타이완을 더한 '중화경제권'의 국내총생산(GDP)을 구매력 평가로 계산하면 1990년에는 일본을 앞지르고, 2002년에는 미국을 앞서는 것으로 전망하고 있어 주목된다. 계산의 타당성에 대해서도 다소 의문스럽고, 중국 자신도 이 전망을 강하게 부정하고 있지만, 중국의 급성장에 세계의 뜨거운 시선이 집중되고 있다는 사실은 틀림없다.

그러나 이는 어디까지나 총액 범주에서의 이야기이고, 인구 1인당 GDP를 따져본다면 12억의 거대한 인구를 보유하고 있는 중국의 사정은 일순간에 변하여, 개발도상국의 지위에 만족해야 한다. 사실상 중국은 자신을 '개발도상의 사회주의국'이라고 규정한다.

중국은 봉건할거(割據)에서 바로 군벌할거의 시대로 이어졌기 때문에 통일된 전국 규모의 시장이 형성되지 않은 채로 인민공화국을 성립했다. 마오쩌뚱의 표현에 의하면 '일궁이백(一窮二白 : 경제적으로는 가난하고, 문화적으로는 뒤떨어진 상태)'으로부터 출발한 것이다. 이와 동시에 다양화와 불균형이 두드러지기도 하였다. 이것이 중국의 기본적 국정이었다.

그러한 상태에서 현재까지의 발전경위를 보면, 시행착오에 정책적 오류가 더해져 우여곡절을 겪으면서도 분명히 뚜렷한 성과를 거두었다. 그러나 다양화와 불균형이라는 기본적 국정은 여전히 변화하지 않았고, 어떤 면에서는 오히려 확대되고 있기도 하다.

자연환경에서의 다양함, 각종 자원의 편재(偏在), 민족의 다양화와 인구거주면에서의 불균형 등에 대해서는 이미 여러 항목에서 기술했다. 여기에서는 경제분야의 다양화와 불균형에 대해 네 가지 측면에서 살펴보기로 한다.

두 가지 지역격차

지역경제의 관점에서 볼 때, 중국을 몇 개 지역으로 나누는 것이 적당할까. '행정구획' 항에서 기술한 바 있지만, 여기에는 여러 가지 설이 있다. 그러한 설들 외에 주장(珠江) 델타 경제권, 창장(長江) 경제권 등과 같이 국부적으로 파악하는 방식도 있다.

그러나 지역격차라는 부분에 초점을 돌리게 되면, 제7차 5개년 계획(1986~1990년)에서 등장한 동(東)·중(中)·서(西)의 세 가지 경제지대로 구분하는 방식이 이해하기에 매우 편리하다. 이 구분은 랴오닝(遼寧)에서 하이난(海南)·꽝시(廣西)까지 연해지역의 12개 성과 직할시, 자치구를 동부로 하고, 쓰촨(四川)·꾸이저우(貴州)·윈난(雲南)·티베트의 서남(西南) 4개 성 혹은 자치구, 산시(陝西)·깐쑤(甘肅)·칭하이(青海)·닝샤(寧夏)·신장(新疆)의 서북(西北) 5개 성 혹은 자치구를 서부로 하며, 그 중간에 있는 9개 성 혹은 자치구를 중부로 하는 것이다. 세 지대가 전국의 면적·인구·GDP에서 차지하고 있는 비율은 다음과 같다.

지역	면적	인구	GDP
동부	14퍼센트	41퍼센트	50퍼센트 이상
중부	30퍼센트	36퍼센트	30퍼센트 미만
서부	56퍼센트	23퍼센트	20퍼센트 미만

원래 동부지대는 지형과 기후조건으로 농업이 발달한데다가 연해지역이기 때문에 해외와의 교통도 편리해서 산업의 발달이 빨랐다. 여기에 아편전쟁 이후의 역사적 경위(經緯)가 더해지면서, 동부지역의 대도시는 기형적으로 발전했다. 이와 반대로 서

부는 폐색적(閉塞的)인 지형이어서 개발이 늦었고, 쓰촨(四川)성을 제외하고는 인구밀도도 낮아 방대한 지하자원이 그대로 묻혀 있다.

1960년대 쓰촨(四川) · 꾸이저우(貴州) · 산시(陝西) 등 서부지역에서 '제3선 건설'이라는 공업건설이 행해졌다. 이는 미 · 소와의 전쟁에 대비해 군수산업을 중심으로 내륙의 안전지대에서 진행되었는데, 서부개발에 어느 정도는 기여를 했지만, 경제적 효율이라는 부분은 도외시되었기 때문에 파급효과는 극히 제한적이었다.

심각한 것은 역사적으로 형성된 이 지역격차가 최근 들어 더욱 확대되었다는 것이다. 개혁 · 개방의 은혜를 입은 것은 대체로 동부지역이고, 뒷부분에서 기술하게 될 외자계(外資系) 기업의 진출과 향진(鄕鎭)기업의 발전으로 성장의 진행속도가 더욱

세 개의 경제지대

가속화되고 있다. 이와 대조를 보이는 것은 서부지대로, 낙후되었다는 것도 부인할 수 없지만 '동부가 중부·서부의 견인차가 된다'는 구도가 아직 명확하게 그려지지 않고 있다. "지금 곧바로 동부의 조세부담을 증가시켜 의욕을 꺾는 것은 유리한 책략이 아니다. 조건이 좋은 곳이 먼저 풍요로워지는 것을 인정해야 한다. 전체적으로 판을 크게 벌려야 분배하기도 쉽다"라는 '선부론(先富論)'이 중국 수뇌부의 주장이다.

서부 개발 최대의 과제는 교통·통신 등 사회기반시설(infrastructure)을 정비하는 것이지만, 거기에는 방대한 투자가 선행되어야 하기 때문에, 21세기쯤에야 본격화될 것이다.

다음으로는 도시와 농촌간의 격차다. 어느 나라에서든 농업은 약한 산업이지만, 중국에서는 거기에 설상가상격으로 인민공사(人民公社)라는 정체(停滯)기가 오래 지속되었기 때문에, 농업의 기반은 약하고 생산성도 공업보다 매우 낮았다. 따라서 농민의 소득은 도시주민의 몇 분의 일에 지나지 않았고, 주거와 환경위생 등을 포함한 생활양식도 도시보다 현저히 뒤떨어졌다. 특히 서부지대와 산간지역의 농촌에서는 간신히 먹을 것을 해결할 정도로 빈궁에 허덕이는 농민이, 공식발표만으로도 8천만 명에 달한다고 한다. 중국 정부는 2000년까지 빈궁지역을 없앨 계획을 갖고 있다. 네온사인 휘황한 대도시의 번영만이 중국의 전체 모습이 아니라는 것을 마음에 둘 필요가 있다.

도시와 농촌의 격차는 농촌에서 청부제가 보급된 1980년대 초반에 일시적으로 축소되는 경향을 보였으나, 최근에는 다시 확대되고 있다. 이는 농산물 매입가격의 인상폭보다 비료와 농

화북의 농촌

약 등 농업용 자재의 가격인상폭이 커서, 이른바 가위모양의 가격차가 확대되고 있기 때문이다. 생산증가가 수입감소로 이어지지 않고, 잉여노동력도 갈 데가 없다. 이러한 상황이 맹류(盲流) 붐을 형성한다. 광활한 중국 대륙에서 연해지역과 산간벽지, 대도시와 농촌간의 격차를 해소하는 데에는 많은 세월이 필요할지도 모른다.

소유제와 기술의 다양화

문화대혁명시에 중국의 기업사업체는 두 종류밖에 없었다. 도시에 있는 것은 대체로 국영기업이었고, 농촌은 집단소유제의 인민공사뿐이었다.

그러나 지금은 상황이 변했다. 종래의 국영기업이 '국유'라 불리는 것 외에 집단소유, 개인경영(고용 7인 이하), 사영(私營 : 고용 8인 이상)기업, 외자계(外資系 : 합병과 100퍼센트 외자가 있다) 기업도 속속 생겨나고 있다. 그리고 이들이 서로 출자한 혼합체도 늘어나고 있다. 이에 비해 공업분야에서는 예전부터 총 생산액의 4분의 3을 차지하는 국유기업이 50퍼센트에 이르는 반면, 농촌에서는 향진기업(鄕鎭企業 : 집단사영 등의 비국유기업)이 생겨나고 있다. 신흥 공업지대에서는 종업원이 수백 명 되는 사영기업도 생겨나고 있고, 계속 적자를 보는 국유기업을 개인이 청부하거나 경매를 통해 낙찰받는 등 사회주의의 통념으로는 생각할 수 없는 현상도 각지에서 생겨나고 있다. 기업사업체의 소유제면에서의 다양화가 진행되고 있는 것이다.

다음으로는 기술면의 다양화를 지적하지 않을 수 없다. 베이징에서는 아무래도 눈에 잘 띄지 않지만, 지방도시에서는 고급 승용차와 마차가 나란히 달리는 모습도 전혀 신기하지 않다. 기술면의 다양화를 상징하는 광경이다. 중국은 인공위성을 로켓으로 쏘아올릴 실력을 갖고 있는 반면, 소가 가래를 끄는 오랜 농업경작의 방식도 계속되고 있다. 상하이의 전화국에서는 바로 수년 전까지만 해도 최신형 전자교환기 바로 옆에 1960년대의 로터리식 교환기도 함께 사용하고 있었다. 이처럼 다양한 기술이 오랜 기간 공존하는 모습은 상상을 초월한다.

어쨌든 '일궁이백(一窮二白)'에서 출발한 대국이 '1→2→3' 식으로 변화하는 것은 도저히 불가능하며, 조건이 좋은 곳이 앞서 나갈 수밖에 없는 것이다. 아직 그러한 조건을 갖추지 못한 곳은 조건을 갖출 때까지 아무것도 할 수 없다는 것이 아니라, 현재 갖고 있는 조건을 살리고 거기서부터 시작한다는 현실 직시의 발상이 그 밑바탕에 있다. '선부론'의 측면이 될 수밖에 없겠지만, 결과적으로 격차를 방치하는 상황이 사회불안의 원인이 될지도 모르며, 이는 조종하기가 쉽지 않다.

다양화와 불균형을 다른 각도에서 본다면, 지식면에서도 여러 수준의 인간이 있다는 말이 되기도 한다. 노벨상 수상자처럼 우수한 두뇌가 있는 반면, 문맹이 전국 평균 15퍼센트를 초과(1990년 조사)하고 있다.

요컨대 중국 경제를 볼 때 외부의 기준으로 계산한다면 착오를 범하게 된다. '시장경제'라는 공통의 씨름판이 형성되고 있다고는 해도 중국 국정(國情)은 여전히 자본주의 국가와는 다르며, 어떤 의미에서는 정반대가 된다. 이 점을 이해하는 것이 중요하다.

15 동농서목(東農西牧)·남도북맥(南稻北麥)

농업

국민경제의 기초

중국에 "백성은 밥을 하늘로 여긴다(民以食爲天)"는 말이 있다. 삶에서 가장 중요한 것이 먹을 것이다. 국민의 배를 채워주는 것이 위정자의 출발점이며 목적이기도 하다는 의미다. 12억 인구를 거느린 중국에서 이 말은 더욱 의미심장하다.

중국에서는 '농업은 국민경제의 기초'라고 한다. 황허 문명은 농경문명이었고, 지금도 인구의 3분의 2 이상이 농촌에 살고 있어 중국인의 사고와 습관에는 농업, 농촌, 농민의 그림자가 짙게 드리워져 있다. '중국은 농민사회'라고 잘라 말하는 학자도 적지 않다.

어찌됐든 중국에서 농업(임업, 목축업, 어업 등을 포함)의 중요성은 다음 여섯 가지 설명으로 가능하다.

① 12억 인구의 먹을 것을 공급한다. 만약 중국 농업이 비정상적으로 되어 대량 부족 사태가 생겨난다면, 세계 곡물시장에 어마어마한 영향을 미친다. 그 부족분을 마련할 수 있는 나라는 없을 것이다.

② 사료와 경공업 원료의 공급원이다. 생활수준이 향상됨에 따라 고기, 달걀, 유제품 등 축산품의 수요가 증가하고 있는데, 사료의 대부분은 곡물이다. 또 식품공업의 원료는 물론이고, 면화 등의 섬유원료, 목재 등의 제지원료도 농업에 의지하고 있다.

③ 수출상품의 공급원이다. 중국은 쌀과 옥수수를 수출하고 밀을 수입하는데 최근에는 수량과 금액면에서 모두 수지타산을 맞추고 있다. 또 돼지에서 가공식품에 이르기까지 다양하며, 최대 수출품목인 의류품의 원료도 면화가 많다.

④ 최대의 취업장소다. 농촌의 노동력 중 1억이 향진기업에서 일하며, 수천만 명이 고향을 떠나 있고, 약 3억이 농업에 종사하고 있다. 실제로 농업은 2억이면 충분하다. 그 나머지는 다른 산업으로 옮겨가야 할 것이다.

⑤ 최대의 공업제품 시장이다. 8억 명이 살고 있는 중국 농촌은 세계에서 가장 큰 시장이다. 소득이 조금만 증가해도 일용품에서 내구 소비재에 이르기까지 그 수요는 엄청나다. "중국 경제는 속이 깊다"라는 말은 바로 이러한 점에서 기인한다.

⑥ 재정의 큰 수입원이다. 예전에 농촌에서 흡수한 자금을 중공업 건설에 투자하고 있다. 지금은 경공업 기업이 납세의 주역인데, 주원료가 되는 농산물을 싸게 매입하는 것이 경공업 이

익확보의 원인 중 하나다.

이렇게 보면 농업이 국민경제의 기초가 됨을 알 수 있다.

중국의 지도자들은 곧잘 "우리는 세계의 7퍼센트의 농지에서 22퍼센트의 인구를 부양하고 있다"고 떠든다. 바꾸어 말하면 중국의 1인당 경지면적은 세계 평균의 3분의 1에 지나지 않으며, 이것이 바로 중국 농업의 냉엄한 현실이다. 국토가 넓은 것은 분명하지만, 대형 트랙터를 투입할 수 있는 곳은 동북 평원과 신장(新疆)의 일부에 지나지 않는다. 남방에서는 좁은 경지를 최대한 활용하여 품종개량, 비료의 대량 투하, 이모작의 보급 등 철저한 집약농업이 진행되고 있다. 단위면적당 수확량의 증가가 중국의 식량자급을 지탱해주고 있는 것이다.

12억 인구의 배를 채운다

"동쪽은 농업, 서쪽은 목축업, 남쪽은 벼농사, 북쪽은 밀농사(東農西牧, 南稻北麥)."

이 말은 중국의 농업을 포괄적으로 나타내고 있다. 지도를 펼쳐보면 동경 105도를 경계로 동쪽에는 평원이 펼쳐져 있고, 서쪽은 고원과 산악지대다. 바로 '동쪽은 농업, 서쪽은 목축업'인 것이다. 또 자연환경 부분에서 언급한 친링(秦嶺) 산맥과 그 동쪽으로 이어지는 화이허(淮河)를 경계로, 남쪽은 벼농사, 북쪽은 밀농사로 나뉜다(19쪽 참조). 여기에서 또 '남쪽은 쌀밥, 북쪽은 밀가루 음식'으로 식생활에도 차이가 있다.

품목별로 보면, 우선 식량으로 쌀이 단독 40퍼센트 이상을 차지하고 있다. 이어서 밀과 옥수수 순이다. 쌀은 세계의 3분의

1을 생산하고 있고, 밀도 미국을 앞지르고 있다. 쌀의 생산량이 증가하고 있지만, 밀과 옥수수의 신장세는 특히 두드러진다. 밀은 농민의 주식으로 잡곡 대신이다. 국내 수요가 일단 충족되었다는 것을 근거로 40년 동안 계속되어 오던 식량배급제가 폐지되었다. 증산 일변도가 아니라 '좋은 쌀'을 만들려는 노력도 시작되었다.

마(麻)와 생사(生絲)를 포함한 섬유원료의 대표적 작물은 면화지만, 생산 확대를 이유로 면포의 배급제가 식량의 경우보다 먼저 폐지되었다. 화학섬유가 증가하고 있기도 하지만, 요즘 들어 국내외의 수급상황을 보아 생산을 조정한다.

콩·유채씨·땅콩 등의 유지(油脂) 원료 작물은 전통적인 수출상품이기도 하다. 그러나 국내의 수요도 높다. 콩은 중국에서 식량의 범주에 포함된다. 사탕원료 작물(남은 사탕수수, 북은 사탕무우)은 부족한 상황이다. 그 외에 잎담배, 차에서 고무에 이르기까지 중국 농업의 품목은 매우 다양하다.

자유시장에 농산물을 늘어놓고 있는 농민

목축업에서는 돼지와 양 목축이 세계 1위다. 돼지는 농가에서 사육되고, 말과 양은 내몽골과 신장(新疆)에서 방목되고 있다. 최근 도시 교외에서 대규모의 근대적 양계장이 생겨났다. 축산품의 수요가 확대되는 한편 생산을 더욱 증가하기 위해 곡물 이외의 사료를 개발하는 일이 과제가 되었다.

수산물의 어획고는 세계 1위다. 그 중 담수어가 40퍼센트를 차지하는 것이 특징이다. 호수와 강(일본이나 한국의 그것과는 스케일이 다르다) 이외에도 수리공사로 만들어진 무수한 댐에서 양식된 결과이기도 하다. 대륙에서는 신선한 해산물이 내륙에까지 미치지 않기 때문에 담수어는 귀중한 자원이다. 최근에는 새우·조개·뱀장어 등의 양식이 급증하고 있는데, 대부분 수출용으로 돌리고 있다.

향진기업에 주목

중국 농촌을 말할 때 특기한 것은 향진기업(鄉鎮企業)의 발전이다. '향(鄉)'은 촌(村), '진(鎮)'은 읍(邑) 정도의 의미로, 요컨

해변에서 작업중인 어민

대 농촌에 있는 비국유기업(개인경영, 사영, 집단경영 등)을 가리킨다. 인민공사 시대에는 농기구 수리와 특산물 가공 등을 담당하였다가, 1980년대에 상품경제의 파도를 타고 급성장했기 때문에, 지금에 와서는 거기에 취업한 사람이 1억 명을 넘는다. 그 생산액도 농업의 그것을 넘어설 정도(지역에 따라서는 농촌 총생산액의 80퍼센트에 달하기도 한다)가 되었다. 중국의 농촌에서 가장 많이 남아도는 노동력을 흡수하고, 가장 부족한 자금을 만들어내는 역할을 담당하고 있다. 이 자금은 농업기반의 정비와 농촌에서의 교육사업 등에 돌린다.

그뿐만이 아니다. 전국적으로 보자면 향진기업은 공업생산의 30퍼센트 이상을 차지하고 있다. 국유기업과 함께 든든한 버팀목이 되고 있으며, 수출의류의 절반 이상을 떠맡고 있어, 그 존재가치의 중요성을 여지없이 드러내고 있다. 최근 각종 새로운 용어사전에 일제히 '향진기업'이 수록되고 있는 것은 당연하다.

향진기업도 노동환경이 열악해서, 공해를 방류하는 경우가 적잖이 문제 되고 있다. 그러나 국유기업의 경우와 같은 정부의 극진한 보호가 전혀 없는 가운데서도 이만큼 해왔다는 것에 대해서는 높이 평가할 만하다. 동남아시아와 개발도상국으로부터 '농촌 근대화의 길'로서 주목받고 있다.

엄숙한 전망

중국 농업의 성과가 큰 것은 분명하지만, 심각한 문제가 있는 것도 간과할 수 없다.

첫번째는 경지가 해마다 감소하고 있는 것이다. 최고조에 달했을 때와 비교하면 15퍼센트 가량 감소했으며, 그러한 추세에 대한 제동장치도 잘 걸리지 않는다. 주요하게는 경지를 공장용지나 택지로 전환하는 경우인데, 개간과 간척으로는 따라잡을 수 없는 추세다. 지금까지는 다모작의 추진으로 파종면적이 어느 정도 되지만, 1인당으로 따져보았을 때에는 경지면적이나 파종면적 모두 낮은 경향을 보인다. 인구는 지금부터 10년 동안은 계속 증가추세를 보일 것이다. 그렇다면 식량의 확보가 의심스러운 상황을 과연 막아낼 수 있을까. 명확한 전망은 아직 보이지 않는다.

두번째는 농업경영자의 체질이 약해진 것이다. 인민공사 시절에는 농민의 자유를 빼앗고 생산의욕을 잃게 했지만, 대규모 수리공사와 구획정리를 추진하면서는 그만큼의 효용도 있었다. 그것이 해체되고 농가단위의 청부제가 된 지금에는 '2억의 농가는 바로 2억의 영세경영자'라는 등식이 성립되어, 농기구와 기술, 자금, 자재구입망, 농산물 판매망, 무엇을 하면 돈을 벌 수 있는가의 정보 등 어떤 문제도 농가단위로서는 대응해내지 못한다. 수리공사의 보수는 한층 더 손길이 미치지 못하고, 가뭄과 홍수에 대한 저항력도 약해져가고 있다. 정부의 보호육성책과 지원체제, 예컨대 농협과 유사한 서비스 시스템을 확립하는 것이 급선무다.

세번째는 잉여노동력에 대한 대책이다. 이미 말한 대로 1억명이 잠재실업의 상태에 있는데, 거기에 또 매년 1천만 명 이상이 새롭게 생겨나고 있다. 향진기업은 공업면에서 에너지, 원료 등의 제약이 있어 마구 확대할 수 없다. 활로(活路)는 서비스업

(예컨대 농협적 시스템)을 활성화하는 방안, '행정구획' 항목에서 언급한 '스몰 타운(小城鎮)'에서 살도록 하는 방안 등이 될 것이다.

16 근대화의 견인차

공업

에너지가 걸림돌

중화인민공화국 수립 당시 가장 눈에 띄던 공장이라면 제분 · 방적 · 담배 등이었고, 기계와 관련된 것으로는 제조가 아니고 수리공장 정도였다.

중국 정부는 '공업화'를 경제건설의 중심에 놓고, 특히 '공업체계 정비'에 힘을 집중시키고 있다. 구체적으로는 중공업 우선 발전이라는 방침을 장기간 세우고, 막대한 자금을 투입했다. 그 결과 군수 관련 분야에서는 여타 발전도상국에서 볼 수 없는 규모와 실력을 갖춘 기계공업이 이루어진 반면, 소비물자가 양적으로 부족하고 품종면에서도 단조로운 상태가 계속되고 있다. 1970년대 말부터 개혁 · 개방 노선에 따른 생활향상에 맞추어 경공업 진흥을 논의했다. 군수산업을 민간수요로 전환했으며, 외자계(外資系) 기업의 진출도 아울러 고도성장을 맞고 있다.

중국에서는 공업을 크게 생산재 중공업과 소비재 경공업으로 구분하고 있다. 중공업 우선 발전단계에서는 양쪽 비율이 2 대 1에 가까웠으나, 후에는 거의 1 대 1까지 근접했다. 최근 들어 중공업의 비율이 다시금 높아지고 있는데, 이는 석유화학, 전자공업의 생산이 늘어났기 때문이다. 여기에서는 주요 산업의 현상과 과제를 개괄적으로 설명해보기로 한다.

에너지 산업

주력은 석탄으로, 1차 에너지의 70퍼센트 이상을 차지한다. 산탄량은 세계 1위로, 그 중 30퍼센트가 발전용으로 소비되고 있다. 중국은 거의 석탄아궁이이며, 공장의 동력용 보일러나 주택난방에도 석탄을 사용하기 때문에 대기오염이 심각하다. 석탄산업에서 관건이 되는 것은 수송인데, 철도의 부담이 매우

석탄 채굴

크다.

석유는 세계 5위로, 일본을 비롯해 인근 국가들로 수출하기도 하지만, 최근 수년 동안은 생산에 변동이 없었다. 그래서 남방의 비산유지역에서는 석유제품의 수입이 급증하여 1993년에는 석유수출국에서 순(純)수입국의 위치로 바뀌어버렸다. 해저유전의 개발은 순조롭게 진척되지 않았다. 때문에 신장(新疆)의 타림 분지를 위시한 내륙 각지에서는 외국과의 합작을 통해 유전개발에 몰두하고 있지만, 본격적 산출까지는 시간이 걸릴 것 같다. 따라서 적어도 21세기 초까지는 순수입국의 상태가 계속될 것으로 보인다.

전력의 수요는 자꾸 높아져 거의 모든 지역에서 공급 불안정 상태가 계속되고 있다. 발전용량은 매년 1천만 킬로와트 이상 증설되고 있으며, 총 용량은 세계 4위가 되었다. 그래도 공업 전체의 성장률보다는 낮아 수요를 충족시키기에는 부족하다. 창장(長江) 중류의 싼샤(三峽)에 세계 최대의 댐이 생기는데, 홍수방지의 목적에 맞추어 1,768만 킬로와트의 발전소를 만든다는 계획은 방대한 투자와 환경에 미칠 영향 때문에 찬반양론이 엇갈리다가 1992년 전인대(全人大)에서 간신히 승인받았다.

종합적으로 말하자면 에너지 부족은 중국의 경제발전에 걸림돌로 작용한 셈인데, 에너지 증강을 위한 투자 확대와 성(省)에너지의 추진이 절박한 과제가 되고 있다.

소재도 증산이 과제

소재(素材)산업

철강은 상하이(上海)의 빠오산(寶山) 제철소와 같은 신예 제철소의 건설과 확대, 기존 대형 제철소의 개조와 확장으로 세계 2위의 규모가 되었고, 현재 모두 조업중이다. 종래에는 '원료 입지형'으로, 내륙의 철광석 산지 부근에 제철소를 세웠지만, 빠오산(寶山)은 상하이라는 공업도시의 교외에 '소비 입지형'의 제철소로 건설되었다. 철광석은 브라질 등으로부터의 수입에 전적으로 의지하고 있는데, 개방정책이 여기에도 반영되고 있다. 이후로는 증산과 함께 고품질의 철강재 생산도 커다란 과제다.

비철금속은 매장량만 풍부할 뿐 개발이나 정련(精鍊) 모두 수요를 밑돌고 있다. 지금은 알루미늄을 중심으로 광산공장 건설

빠오산(寶山) 제철소

이 진행중이다. 일부 품목, 예컨대 안티몬과 텅스텐은 중국의 전통적 수출상품이다. 또 일반서민에게는 잘 알려지지 않았지만 우주산업에서 브라운관의 형광도료(螢光塗料)를 만드는 데 이르기까지 두루 없어서는 안 될 희토류(希土類 : rare-earth)는 세계 산출량의 대부분을 중국(내몽골과 후난 · 장시 일대)에서 생산하고 있다.

화학품에서 비료는 생산량면에서 세계적으로 상위권에 속한다. 석유 혹은 천연가스를 원료로 하는 새로운 공장들이 외국으로부터의 플랜트 수입으로 속속 건설되는 한편, 석탄을 원료로 하는 소형 공장이 각지에서 가동되고 있다. 다만 질소비료에 비해 인산비료와 칼리비료는 압도적으로 부족하여, 이를 증산하는 것이 과제다.

석유화학은 신흥공업의 하나로, 외국의 협력을 얻어 합성수지 · 합성섬유 · 합성고무 등과 함께 빠르게 성장하고 있다. 다만 품목이나 용도가 매우 다양하기 때문에 수급의 균형을 맞추는 것이 필요하다.

건축재료에서 시멘트는 생산량면에서 세계 1위지만, 설비가 낙후된 지방의 소형 공장이 주류를 형성하기 때문에, 현재 수요가 늘고 있는 고품질 시멘트의 증산에서는 새로운 플랜트 도입이 요구된다. 유리도 마찬가지여서, 현대적 고층 빌딩은 수입 판유리를 사용하는 실정이다. 총체적으로 말하자면 소재산업은 증산과 품종 확충이 과제라 할 수 있다.

기계산업

중국 최대의 산업이다. 중기계와 공작기계는 대강의 생산능력을 갖추고 있지만 전자기술을 응용한 '기전일체형'의 제품 향상이 과제다. 자동차는 트럭 중심에서 승용차 중심으로 전환하는 중이며, 창춘(長春, 제1 자동차), 후베이(湖北, 제2 자동차), 상하이(上海), 베이징(北京) 등은 승용차를 기간산업의 하나로 하는 방향을 제시했다.

전자공업은 전국적으로 기간산업이 되었고, TV생산은 세계 1위다. VTR의 생산도 외국과 합작하여 진행중이다. 반면에 산업용 전자기기(컴퓨터가 대표적)의 비중이 낮아지고, 양적이나 수량면에서도 열세를 보이고 있다. 소프트웨어의 개발능력은 우수하지만 하드웨어, 특히 LSI(대규모 집적회로)의 발전은 다소 뒤떨어지는 편이다.

농업기계면에서는 인민공사가 해체되고 농가단위의 경영이라는 새로운 상황에 대응하는 신기종의 개발이 과제가 되었다. 조선(造船)은 수출산업으로 위치지어져 있었으며, 외국 선주의 요구에 부응할 만한 기술을 쌓는 것이 과제다. 우주산업은 군수기술을 전용하여, 외국의 인공위성 발사를 상업적 베이스에 싣는 정도까지 되었다.

총체적으로 말하자면 전자공업을 포함한 기계산업은 중국 근대화의 견인차 역할을 해왔으나, 제품의 성능향상을 위해 기술의 고도화가 중요한 과제로 제기되고 있다.

경공업

섬유산업은 중국 최대의 수출산업이지만 국내의 수요도 다양해졌기 때문에 시장변화에 따른 구조전환이 급선무다. 식품은 중국에서도 가장 오래된 공업이지만, 기름·설탕·소금 등 '식품재료의 제공' 범위를 벗어나지 못했으며, 가공식품이 압도적으로 부족하다. 소비자의 소득증가로 가사부담의 경감이 절실히 요구되는 현실에 대응하여 인스턴트·레토르트 식품의 개발과 대량 생산이 과제다.

시계·재봉틀·자전거·세탁기·냉장고 등은 양적으로는 충족되어 있으나, 품질 향상과 품종 확대가 과제다.

전체적으로 말하자면 경공업 분야에서는 품질과 품종이 주요한 과제이지만, '문화의 바로미터'라고 하는 종이판지(板紙)의 경우는 예외로, 증산에도 삼림자원의 제약이 있어 해외에서 산을 매입하고 목재와 펄프를 수입한다.

급성장하는 비국유기업

중국 공업에는 구조상 세 가지 문제점이 있다.

산업구조면

본래 충분한 에너지가 존재함으로써 소재가 만들어지고 가공산업으로 보내져야 하지만, 중국의 경우에는 다소 반대로 이루어지고 있다. 원료 부족과 에너지 부족으로 인해 가공능력을 70퍼센트 정도밖에 발휘하지 못하는 것이다. 에너지 증산이 급박하게 요구되고 있는데, 예컨대 석탄가격을 대폭 인상하면 사용자에게 절약을 강요하는 등의 조치를 취해야 한다.

소유제 구조면

국유기업이 중국 경제의 뼈대라는 점에는 변함이 없지만, 그 비중은 50퍼센트 가량 된다. 일찍이 80퍼센트 가까이 차지했던 것을 생각해보면 격세지감을 느낄 수밖에 없다. 이는 향진기업과 외자계 기업이 빠른 성장을 했기 때문으로, 국유기업의 부진과는 대조를 보이고 있다. 문제는 국유기업의 체질개선에 있는데, 이 점에 대해서는 '체제개혁'(168쪽 참조) 항에서 상술하기로 한다.

기술구조면

완전한 공업체계의 확립을 목표로 중국은 군수산업 관련 분야에서 첨단기술을 자랑하고 있다. 또한 폭넓은 기반의 기술을 갖고 있기도 하다. 문제는 연구실과 군수산업의 개발성과를 민수품의 양산에 활용하지 않는다는 점에 있다. 지에팡(解放) 트럭이 30년 동안 모델을 바꾸지 않았던 것도 그 한 예라 할 수 있다. 경제체제의 개혁과 함께 기술체제의 개혁도 진행되어야 할 필요가 있다.

교통 · 통신

경제사회를 인체에 비교하자면, 교통은 동맥, 통신은 신경이라 할 수 있다. 중국의 그것은 너무나도 가늘어 에너지 문제와 함께 경제의 걸림돌이 되고 있다.

교통의 최대 특징은 철도가 주력이라는 점이다. 철도수송의 대부분을 차지하는 것은 석탄 · 광석 · 목재로, 일반화물은 '싣다가 남기는' 경우가 많으며, 그 혼잡함은 상상을 초월한다.

따라서 징지우(京九 : 北京–深圳 경유 九龍까지)선과 따친(大秦 : 산탄지 大同에서 적출항 秦皇島까지) 석탄전용선 등의 신설과 복선화 · 전동화를 진행하고 있다. 베이징과 상하이간에 여객전용 고속철도를 신설

중국 교통의 중심 철도

사람이 붐비는 곳에 신설되는 공중전화(베이징)

할 계획도 있다. 육상운송은 고속도로가 베이징(北京)—티엔진(天津), 따리엔(大連)—선양(瀋陽), 선전(深圳)—꽝저우(廣州) 등지에 국부적으로밖에 개통되지 않았기 때문에, 거의 근거리 수송이다. 혼재(混載)·택배(宅配) 체제를 전국 규모에서 본격화한다는 것은 상당히 앞서 나가는 이야기다.

하천수송에서는 창쟝(長江) 활용이 제기되어 연안(沿岸)의 항만정비를 진행하고 있다. 또 철도의 부담 경감을 이유로 친황따오(秦皇島)에서 남방으로 석탄을 수송하는 데에 근해(近海)를 통하는 방법이 점차 확대되고 있다. 석유도 마찬가지여서, 따리엔(大連)에서 연해(沿海)를 경유, 창쟝(長江)을 거슬러 올라가는 전용 유조선이 왕복한다.

국제무역의 급속한 증대에 대응한 항만정비에서는 기존 항만의 하역능력 확대와 병행하여 새로운 항구도 건설하고 있다. 예컨대 저쟝(浙江) 성 닝뽀(寧波)의 베이룬(北侖) 항을 상하이 항의 외항으로 활용하고 있기도 하다. 창쟝(長江) 북안(北岸)의 뤼쓰(呂四)에도 외항건설을 구상중이다.

장기적으로 보자면 중국은 미국과 마찬가지로 대륙국가여서, 여객뿐만 아니라 화물에서도 항공수송에 더욱 노력할 필요가 있다. 이는 내륙의 산업을 해외와 결부지어 개발을 가속화하는 데서도 불가결한 것이다.

최근 들어 전화사정은 눈에 띄게 개선되었다. 특히 대도시와 연해지역에서는 개인주택에도 빠르게 보급되기 시작했으며, 신혼가정의 '삼종신기(三種神器)'에도 전화가 등장했다. 시외회선도 충실해져 거의 모든 도시가 자동다이얼로 연결되었다. 이 부분에서는 마이크로웨이브 회선과 광케이블뿐만 아니라 위성통신의 지상국(地上局) 증설도 큰 위력을 발휘하고 있다. 이는 전화뿐만 아니라 TV방송의 수신 가능 지역을 한 번에 확대하는 역할도 했다. 교통문제와 관련해서 언급한 '항공수송의 확충'과 마찬가지로 광대한 국토를 가진 중국에서는 통신분야도 '하늘을 이용'하는 것이 효과적이다.

17 변화하는 자금의 흐름

재정 · 금융

재정은 적자 기조

"우리나라는 국내 채무도 대외 채무도 없다."

문혁 시기에 중국 간부는 당당하게 가슴을 펴며 이렇게 말했었다. 하지만 지금은 사정이 달라졌다. 근대화 노선으로 전환한 뒤 중국은 매년 국채를 발행하고 외국으로부터 자금을 차입하고 있다. 건설의 자금수요가 대폭 증가한 것은 다행이지만 재정의 적자기조가 계속되면서 적자폭은 확대되는 경향을 보인다.

주된 이유는 다음 두 가지다.

첫째는 세금수입의 주요한 부분을 담당해오던 국유기업의 경영부진으로 상납이윤(현재는 기업소득세)이 침체상태에 빠진 것이다. 적자기업에 대한 국고보조가 더욱 많아졌다.

둘째는 체제개혁이 진행되면서 중앙에서 지방으로, 정부에서

기업으로 권한이 넘어갔기 때문에, 자금면에서 중앙의 살림이 가장 어려워졌다. 또한 지방정부와 기업은 자유재량이 가능한 자금이 많아지는 비정상적 상황이 되었다.

이렇게 되자 국가가 경제를 거시적으로 통제하려 해도 자금이 뒷받침되지 않았다. 그래서 1994년에 세제개혁을 단행했다. '분세제(分稅制)'가 그것으로, 세금을 국세와 지방세로 나누어 양자의 비율을 6 대 4로 하고 징세기구도 이원화함으로써 중앙의 세입확보를 노리는 것이다. 이는 세수가 감소되는 지방당국의 저항을 당연히 받게 되었다. 그 경과조치로 국세수입의 일부를 지방교부금으로 돌리고, 그 액수를 조금씩 줄여서 2000년에는 0으로 한다는 것이다.

이렇게 해서 두번째 문제는 해결했지만, 근본적으로는 국유기업의 체질개선을 통한 세수증가를 기대해야 할 것이다.

재정예산은 본래 한 종류였으나, 1992년부터는 경상예산과 건설성 예산 두 종류로 바뀌었다. 전자는 행정관리비, 국방비, 문교위생비 등으로, 수지균형이 원칙이다. 후자는 내외채무로 적자를 메우고 있다.

은행의 활성화

오늘날 선진국이든 개발도상국이든 금융이 국민경제에서 차지하는 위치는 매우 크다. 하지만 중국의 은행은 오랜 기간 은행이 정부의 계획경제 운영에 대한 '현금출납계'에 지나지 않았고, 조직 · 인사 · 운영 등 재정 전반에 걸친 부속물이었다.

최근 시장경제를 지향하는 개혁 속에서 금융의 역할이 다시

중시되면서, 그 체제를 정비했고 내용도 활성화하고 있다. 중앙은행인 중국인민은행은 경제를 거시적으로 통제하는 효과적 수단으로 통화발행을 엄격히 관리하고 있다. 또 각 전문은행에 대한 지도도 강화되고 있다.

전문은행으로는 정책성 은행과 상업성 은행이 있다. 전자는 1994년에 신설된 것으로, 개발은행(장기신용은행), 수출입은행, 농업발전은행이 있고, 여러 가지 정책에 따른 금융업무를 행한다.

후자는 모두 기존의 은행으로, 각자 갖고 있던 정책성 업무를 앞서 말한 신설 은행에 이관하고, 시중은행에 해당하는 업무를 취급한다.

주요한 상업성 은행은 다음 일곱 가지다.

중국공상(工商)은행 1984년 인민은행에서 분리. 기업, 도시 주민에 대한 예금 · 융자의 업무를 취급한다.

중국농업은행 1955년 설립. 1979년 부활. 농촌에 대한 예금 · 융자의 업무를 총괄한다. 말단 조직은 농촌 신용합작사이다.

중국은행 1912년 창립. 1949년부터는 외국환 전문은행이 되었다.

중국인민건설은행 1954년 설립. 1979년 부활. 건설 프로젝트에 대한 투자와 융자를 담당한다.

중국투자은행 1981년 건설은행에서 분리. 국제금융기관 등에서의 프로젝트 융자를 담당한다.

중신(中信)실업은행 1987년 중국국제신탁투자공사에서 분리. 다면적 외자도입과 활용이 주요 업무다.

교통은행 1987년 상하이에서 설립. 주식제의 종합은행이다.

이외에 '비은행 금융기관(nonbank)'으로 리스(lease)회사, 증권회사, 지방과 대기업 직속의 파이낸스(finance) 회사(예컨대 首都鋼鐵總公司의 華夏銀行), 보험회사 등이 있다. 그리고 외국은행의 지점과 합작한 은행이 경제특구에서뿐만 아니라 상하이 등에서도 영업하고 있다. 금융기관의 급속한 다양화는 괄목상대할 만하다.

예금은 도시주민과 농민의 경우 계속 급증하고 있으며, 1992년에는 1조 원을 넘었다. 이는 소득증대 때문이지만, 시장의 상품이 풍성해져 언제라도 사고 싶은 물건을 살 수 있다는 상황변화 때문이기도 하다(물건이 부족하던 시절에는 값나가는 물건이 있으면 곧바로 줄을 서야 살 수 있었기 때문에 모두 장롱에 예금을 해

시민을 대상으로 하는 중국공상은행

두고 있었다). 또 일부 예금은 나중에 언급할 유가증권으로 돌아서기 시작했다. 예금자 보호와 저축장려 때문에 인플레이션이 진행되면 그만큼 금리를 상승시키는 시스템이 가능해졌다.

개인에 대한 융자는 주택융자가 꽝뚱(廣東) 성 등에서 극히 일부 행해지는 정도다. 한편 기업의 자금수요는 매우 왕성하다. 설비투자가 정부투자에서 융자로 교체되면서 여기에 박차를 가했다. 따라서 은행도 종래에는 본점에서 배분되던 자금을 정부가 정한 계획에 따라 대부해주는 정도였으나, 예금획득의 노력(추첨부예금의 창설 등), 은행간의 자금융통(콜머니) 등의 상황 속에서 업무가 활성화되고 있다. 이러한 상황에 수반하여 앞서 기술한 각 상업성 은행들도 여러 가지로 업무범위를 확대하고 울타리를 제거하여, 금융분야에도 경쟁원리가 도입되었다.

계획경제로부터 시장경제로의 이행은 자금면에서는 재정주도형에서 금융주도형으로 바뀌는 형태가 되었다. 동시에 그 자금의 흐름도 이제까지처럼 '위에서 아래로'의 형태가 아니라 횡단적(橫斷的)인 움직임이 더해졌다. 콜머니 시장 외에 증권시장(상하이와 선전에 개설되어 채권과 주식거래가 활발하다. 각 대도시의 증권회사에서도 취급하고 있다)과 외국환 시장도 체제를 정비했고, 장기자금 시장도 계획되고 있다. 증권시장에 대해서는 구조를 잘 알지 못하는 서민들이 "주식은 돈벌이가 된다"는 말을 듣고 몰려들어 일대 혼란을 빚었던 일을 교훈으로 삼아 신규 상장 수속 등의 관리를 엄격히 하고 있다. 이와 관련하여 주식에는 중국인이 매매하는 보통주식 외에 외국인이 외화로 매매하는 B주, 홍콩에서 상장되는 H주가 있다. 뉴욕 시장에서도 상장이 실현되었다.

법정화폐는 인민폐

지금까지 외화는 중앙관청이 일원적으로 엄격히 관리해왔으나, 기업의 자주권 확대와 외화사정의 호전을 바탕으로 차츰 완화되었다. 특히 1994년 1월의 개혁을 통해 중국의 외화관리 구조는 서방제국의 그것에 매우 가까워졌다. 기업이 경상거래에 필요한 외화는 은행수속을 통해 구입할 수 있다. 실질적 수요에만 한정된 부분적 태환(兌換)인 것이다. 환율은 종래 정부가 결정한 것과 시장수급을 통한 두 가지(계획경제와 시장경제의 양립)가 있었으나, 지금은 시장환율 한 가지다. 그 시장환율은 상하이에 개설된 전국을 망라한 외국환 시장에서 수급관계를 통해 형성된다(서방제국과 마찬가지로 중앙은행이 개입할 여지를 남겨둔다).

더욱이 중국은 2000년까지 인민폐를 완전한 태환통화로 하겠다는 방침을 밝혔다. 관세무역에 관한 일반협정(GATT) 가입을 목적으로 하는 데에 획기적인 방침으로 주목된다.

법정화폐는 중국인민은행이 발행한 인민폐(Renminbi. RMB¥로 표시)다. 건국 초기에는 그때까지의 인플레이션 결과로 액면가격이 커졌기 때문에, 1955년에는 통화단위의 명칭을 변경하여(denomination) 1만 위엔(元)을 1위엔으로 바꾸고 새로운 지폐와 동전을 발행했다. 지폐는 10위엔(元)·5위엔·2위엔·1위엔권과 5쟈오(角 : 1元=10角)·2쟈오·1쟈오권, 그리고 5펀(分 : 1角=10分)·2펀·1펀권이 있다. 그 후로 100위엔권과 50위엔권

지폐, 1위엔, 5쟈오, 1쟈오짜리 동전도 등장했다. 5쟈오(角) 이하의 지폐는 서서히 동전으로 바꾸어갈 방침이다.

그렇다고는 하나 다민족국가이기 때문에 인민폐의 지폐에는 한자 이외에도 몽골, 티베트, 위그루, 치완 등 각 민족문자로도 표시되어 있다. 또 액면가가 큰 지폐에는 시각장애인이 판별할 수 있도록 점자표시도 되어 있다.

인민폐 외에 중국은행이 만든 '외화태환권(外貨兌換券)'은 외국인을 대상으로 1980년 이후 계속 발행되어 왔으나, 1994년 1월의 외환관리 개혁과 함께 발행이 중지되었다.

법적으로는 인민폐가 중국 유일의 화폐지만, 현실적으로는 홍콩달러가 선전(深圳) 등 경제특구뿐만 아니라 광뚱(廣東) 성 일대에서 널리 유통되고 있다. 반대로 구소련과 미얀마 등의 국경지대에서는 인민폐가 국경무역의 결제수단으로 통용되고 있다.

100위엔(겉)
오른쪽 하단은 시각장애자를 위한 점자

50위엔

1위엔

5쟈오

100위엔(안) : 오른쪽 하단에 소수 민족의 문자가 보인다

1쟈오

18 시장경제를 지향하며

체제개혁

활성화에서 의욕을

중화인민공화국 수립 당시 대륙에서는 수천 년 동안 지속되어 온 자연경제의 전통, 그리고 공산당 지배지구에서 채택된 전시 군사 공산주의 체제(명령주의 · 평균주의)가 주류를 이루었다. 상품경제 · 시장경제는 연해지역과 대도시에서 일부 형성되었을 뿐이다. '반(半)봉건사회' 라 규정되었던 까닭이다.

중국 정부는 경제부흥과 건설을 진행해가면서 구소련이 확립한 중앙집권적 계획경제 체제를 전면적으로 받아들였다. 이 체제에 따르면 경제활동의 운영, 바꾸어 말하면 사람(人), 돈(金), 물건(物) 등의 자원배치가 정부(관료)의 계획에 기초하여 행해지고 있다. 구체적으로는 다음 세 가지 방법이 있다.

- 지령성 계획 : '계획은 법률 나름' 이라는 말이 단적으로 보여주는 것처럼, 정부가 계획을 책정하고 임무를 하달하면, 기업은 그것을 달성할 의무를 진다. 이것이 계획의 주체였다.
- 지도성 계획 : 정부가 가이드라인을 제시하고 기업이 그 범위 내에서 생산 · 유통 활동을 한다.
- 시장조절 : 기업의 자유재량에 맡기지만, 극히 일부분밖에 실행되고 있지 않으며, 제약도 많다.

믿기지 않을지 몰라도 한때는 여성용 머리핀까지도 지령성 계획에 포함되어 있었다는 것이 지금까지도 이야깃거리다.

이러한 시스템은 공업화의 초기 단계에서 제한된 자원의 집중 사용을 가능하게 하는 효과를 거두었다. 그러나 시간이 지나면서 그 폐해도 뚜렷이 드러났다. 또 사회가 복잡해지고 수요가 다양해지면서 경제의 자세한 부분에 이르기까지 정부(관료)가 결정하고 지도한다는 것은 도저히 불가능해졌다.

가장 큰 문제는 기업과 인간의 의욕을 깎아낸다는 것이다. "티에판완(鐵飯碗 : 밥그릇 깨질 걱정이 없다)" "츠 따구어판(吃大鍋飯 : 일을 하나 하지 않으나 마찬가지다)"이라는 말들이 상징하는 것같이 경쟁의 긴박감이나 어떠한 의욕도 없이 개인은 기업에 의지하고 기업은 국가에 의지하며 외적 자극 없이 안일하게 현상에 만족하는 형태였다. "중국의 기업은 진정한 의미에서 기업이 되지 못했다" "중국 기업은 정부에 응석을 부린다" "사회주의는 게으른 자가 일하는 자의 발목을 잡는 시스템인가"라는 등 서방측 지식인들의 지적은 타당하다.

1978년 12월 공산당이 근대화 노선으로의 전환을 결정함과 동시에 사회의 활성화를 통해 사람들의 의욕을 끌어내기 위하여 이러한 경제체제 개혁을 단행한 것은 당연했다.

방향설정은 분명히

개혁은 농촌에서부터 시작되었다. 농민은 인민공사의 속박에서 벗어나 농가단위의 청부제를 보급시켰다. 토지의 소유제는 그동안 계속되어 온 것처럼 촌(村)단위의 집단소유로 하면서도 그 사용권(경작권)은 장기간에 걸쳐 농가에 인정하는 형태다. 동시에 계획경제의 틀 속에서 시장원리에 따라 활동하는 비국유기업(향진기업)이 발전한 것도 획기적이다.

이를 근거로 1984년 가을에 공산당은 도시와 공업분야의 개혁방향을 정했다. 국유기업의 소유권과 경영권을 분리하고 후

남은 농산물을 파는 농민

자를 기업에 양도하여 활성화를 도모한다는 데에 중점을 두었다. 따라서 상품경제를 강조했고, 지령성 계획을 축소했으며, 정부기능의 전환을 강조했다. 1987년의 제13회 당대회에서는 "국가가 시장을 조절하고, 시장이 기업을 유도한다"는 경영운영 메커니즘이 제기되어, 생산재 · 자금 · 노동력 · 기술 · 부동산 등 각종 시장의 정비가 방향을 정립했다.

그러나 그 후 개혁은 일시 정체되었다. 제2차 티엔안먼(天安門) 사건(1989)이 발생하고 경제조정의 필요성이 임박했으나, 근본적으로는 '계획경제=사회주의, 시장경제=자본주의'라는 기존관념의 속박에서 벗어나지 못하고, 어물거리는 듯한 설명과 엉거주춤한 대립으로 시종일관하였다.

1992년 봄에는 떵샤오핑이 "계획과 시장은 사회주의와 자본주의에 모두 통용되는 경제수단에 지나지 않는다"고 선언하면서 개운치 못했던 감정도 사라져버렸고, 그해에 열린 제14회 당대회에서는 '사회주의 시장경제 확립을 지향'하기로 결정했다. 그 주안점은 국가의 거시적 관리하에 시장이 자원배치의 기초적 역할을 담당하는 것이다.

따라서 ① 국유 · 집단 소유를 주체로 여러 가지 형태의 소유제를 함께 발전시킨다 ② 근대적 기업제도를 구축한다 ③ 통일적 · 개방적 시장체계를 육성한다 ④ 간접적 수법을 위주로 하는 거시적 관리시스템을 구축한다 ⑤ 합리적 분배제도와 사회보장제도를 확립한다는 여러 가지 점들을 강조했다. 개혁 제기 후 15년 동안 모색과 테스트를 거쳐 방향설정이 점차 명확해졌고, 중국은 전면적인 개혁추진 단계에 접어들었다.

열쇠는 국유민영화

개혁의 요점은 기업이 정부의 부속물에서 벗어나 시장이라는 '신의 보이지 않는 손'을 통해 자주적으로 경영할 수 있는 것이다. 최대의 당면과제는 대·중형 국유기업의 개혁, 국유민영화의 실현이다. 이를 위해서는 외부환경의 정비와 기업 내부의 체질개선이 필요하다.

외부환경의 정비에는 다음의 몇 가지가 주요하게 포함된다.

- 지령성 계획의 항목이 대폭 감소했다. 그 비율은 모두 한자리 숫자이나, 이후로는 더욱 완화되어 실질적으로는 거의 제로상태가 될 것이다.
- 가격체계의 개혁이다. 정부가 정한 공정가격과 시장가격의 이중가격제가 점차 해소되고, 궁극적으로는 극히 일부의 상품에 대해서만 정부가 상한(혹은 하한)을 설정하고 나머지는 자유화될 것이다.
- 세제개혁과 금융개혁이다. 이는 정부가 거시적 관리의 수단을 정비하는 것이기도 하다.
- 도산법(倒産法)의 발동과 실업보험제도의 확립이다. 기업의 자주권에는 경쟁을 통한 도산의 위험도 포함되어야 한다. 정부는 적자기업의 뒤처리를 중지하면서 종업원의 구제수단을 정비한다. 여기에 대해서는 진전이 가속화되고 있다.

문제는 기업 자신의 체질개선이 좀처럼 진전되지 않는다는 점이다. 현재는 경영청부제가 채택되었지만, 흑자 때는 청부의 메리트를 누리고 적자 때는 국가에 응석을 부리는 경향이 계속 되고 있다. 주관 관청도 기업을 완전히 방치하지는 않는다. 종업원도 경쟁의 위험부담에 노출되기를 싫어한다. 결국 해묵은 때를 씻어버리기는 쉽지 않을 것이다. 다른 각도에서 본다면 근대적 대기업의 경영자가 배출되지 않는 것이기도 한데, 이를 육성하는 데에는 일정한 기간이 필요할 것이다.

공산당과 시장경제

개혁의 진전에 따라 파생된 또 하나의 문제는 중앙과 지방의 관계, 바꾸어 말하면 중앙의 약체화라 할 수 있다. 중앙집권 체제의 개혁은 지방으로의 분권을 의미한다. 이는 단순히 허가와 인가의 권한을 지방으로 내려보내는 것 외에 재정면에서도 성(省)마다 청부제를 채택하는 것이다. 결국 중앙으로의 상납액을 정해놓고 웃도는 부분에 대해서는 지방의 수입증가로 삼는데, 그 결과 국가의 세입이 국민소득에서 차지하는 비율이 해마다 낮아져, 거시적 관리에 없어서는 안 될 재정적 뒷받침이 빠져버렸다. 한편 지방은 자신의 이익만을 추구하여 '제후경제(諸侯經濟)' 라 불리는 틀을 형성하기 시작했다. 그래서 재정 · 금융 부분에서 기술하게 될 '분세제(分稅制)' 가 채택된다.

이에 대해 지방에서 저항했을 것은 당연하다. 여기에서 '공산당의 권위' 는 상당한 역할을 했다. 행정방면뿐만 아니라 당의 기본적인 회의에서도 여러 차례 논의되었고, 지도급 인사가 지방에 가서 설득하기도 했다. 중국에서는 이것을 '정치적 우위성' 이라 한다. 그렇게 큰 나라에서 그 정도의 대개혁을, 혼란을 최소화하면서 착실히 진전시키는 데에, 적어도 현단계에서는 법률이나 행정적 지도뿐만 아니라 '정치적 권위'에 의지하는 것은 불가피하다. 단순히 '시장경제'가 아니라 '사회주의 시장경제'라고 스스로 명명한 근거가 여기에 있다는 견해도 성립될 수 있다.

구소련이 정치개혁을 선행하고 당과 국가를 해체한 결과, 정부의 지도력이 약해지고 경제적 혼란이 사회적 불안을 초래한 상황을 '반면교사(反面教師 : 부정적인 현상을 두고 교훈을 삼음—역주)'로 하여, 중국의 수뇌부는 자신이 걷고 있는 길과 방법에 대한 자신감을 강화하고 있는 것 같다.

그렇다면 경제체제의 개혁이 정치체제의 개혁으로 연결되어 있는 것은 아닌가. 요즈음 중국이 제창하는 정치체제의 개혁은 '공산당의 지도'를 대전제로 하여 그 틀 내에서 미비한 것을 고치는 데에 머무르고 있다. 중국의 수뇌부가 가장 두려워하는 것은 급속한 개혁이 가져올 사회불안이다. 경제개혁면에서는 개혁추진과 안정유지를 양립시키는 데 자신감을 더해가지만, 정치개혁에서는 안정유지에 주안점을 두면서 속병이 날 정도로 신중하게 점진적으로 진행하는 것으로 보인다.

19 내륙도 세계를 향해

대외개방

쇄국에서 대전환

중국은 오랜 기간에 걸쳐 대외경제 교류를 언급할 때면 자력갱생을 강조하여, "자원을 공동으로 개발하지 않고, 합작기업을 설립하지 않으며, 차관을 받지 않는다"는 것을 '삼불(三不)주의'의 방침으로 제시해왔다. 당시 무역은 과부족을 조정하는 수단에 지나지 않았으며, 무역의존도(무역액이 GNP에서 차지하는 비율)도 한 자리 숫자로 낮았다.

여기에는 세 가지의 이유가 있다. 첫째는 아편전쟁 이후 오랜 기간에 걸쳐 열강들이 침략하고 수탈했던 역사다. 이러한 체험 때문에 외국으로부터의 투자나 차관원조를 '주권침해'와 동일시하며 거부해온 것이다. 건국 초기에 구소련으로부터 차관을 공여받고 얼마간의 합작기업을 설립한 예외도 있지만, 그것도 오래 가지는 못했다.

둘째는 혁명의 역사다. 공산당과 그 군대는 장기간 열세에 놓였기 때문에, 거기에서 정신력을 더없이 중시하는 체질이 생겨났다. 외부에서 보았을 때 '강한 것처럼' '자기 실력 이상의 일을 하려고 애쓰는 것처럼' 보이는 중국 특유의 사고방식과 행동양식은 이와 무관하지 않다.

셋째는 국제정세다. 미국한테 계속 '봉쇄' 당하고, 구소련한테 '배반' 이라는 말을 듣는 사태에 직면하면서 더욱더 자력갱생을 강조했다. 1976년 탕산(唐山) 대지진이 일어나 각국이 국제관례에 따라 구원의 손길을 보냈을 때에도 중국은 이를 사절했고, 중국 국내에서는 "외국인에게 도움을 구하지 않는다"는 정치슬로건을 내걸었다.

이러한 방침은 1978년 12월 근대화 노선으로 전환함에 따라 일변하여, 국내에서는 개혁과 대외개방이 근대화 추진이라는 두 개의 바퀴로 자리매김되었다.

'쇄국에서 개방으로' 라고도 할 수 있는 이 대전환은, 기본적으로 근대화 노선이 가져다준 것이다, 그러나 다음 두 가지도 간과해서는 안 될 것이다. 그 중 하나는 같은 해에 미국과 국교정상화를 합의했고, 또 일본과 평화우호조약을 체결한 것이다. 이는 중국을 둘러싼 국제환경을 크게 개선함과 동시에 중국을 대하는 외국의 눈과 외국을 대하는 중국의 눈을 동시에 변화시키는 역할도 담당했다.

다른 하나는 문화대혁명이 끝난 후 1977, 1978년 두 해의 '예행연습기' 가 있었다는 것이다. 두 해 동안 중국은 실로 많은 고위층 시찰단을 일본과 구미에 파견했는데, 그들과 경제와 기술의 격차가 더욱 벌어졌다고 인식하고 대외교류의 필요성을 절감했다. 이것도 개방으로의 전환에 큰 역할을 했다.

이렇게 해서 1979년에는 대외경제 관계면에서 다음과 같은 일련의 조치들이 잇달아 나와 '대외개방 원년'이라는 명칭에 어울리는 한 해가 되었다.

- 중외합작기업법의 시행. 7월의 전인대에서 같은 법안이 채택되었다.
- 경제특구의 설치. 7월에 중공 당중앙과 국무원은 홍콩에 인접한 선전(深圳) 등에 경제특구를 건설할 것을 결정했다(법제화한 것은 1980년).
- 외국차관의 도입. 5월에는 일본 수출입은행의 자원은행 대부와 시중은행의 신디케이트 대부가 조인되었다. 정부베이스의 엔차관도 12월 오히라(大平) 수상 중국 방문시에 정식

고층 빌딩이 숲처럼 늘어선 선전(深圳)

합의되었다.

- 해저유전의 공동개발. 12월 뽀하이(渤海)의 석유 · 천연가스의 중 · 일 공동개발에 관한 합의서가 조인되었다.
- 중국국제신탁투자공사(CITIC) 설립. 이 공사(公司)는 떵샤오핑이 왕년의 민족자본가 룽이런(榮毅仁 : 국가부주석 역임)에게 외자도입을 제기한 것이 계기가 되어 10월에 설립되었다.

그로부터 10여 년이 지난 지금, 개혁 · 개방의 커다란 성과에 대해서 모두 인정하게 되었다.

이제 무역, 외국기업 유치, 차관에 대해 개략적 상황을 기술해보기로 한다.

높아진 무역의존도

중국 무역은 1978년부터 1988년까지 10년 동안 다섯 배 증가, 1993년에는 거의 배가 증가했다. 이렇게 되자 무역액은 세계 32위에서 11위로 올랐고, 무역의존도도 약 40퍼센트로 높아졌다. 수출입의 수지도 몇 해 사이 적자기조를 벗어나 견실해지는 추세를 보이고 있다.

전에는 무역의 성격이 '과부족 조정형'이었기 때문에 실론(현재의 스리랑카)과의 정부간 장기 바터무역(쌀 · 고무) 등 일부의 예외를 제외하고는 거래방식이 단순했다. 지금에 와서는 위탁가공, 보상무역, 개발수입, 기술이전 등 국제관행의 방식이 모두 통용된다.

그 중에서도 주목되는 것은 위탁가공으로, 의류의 경우 원단에서 단추까지를 매입자가 제공하고 중국측은 봉재부분에 대한 노임을 취한다. 전기제품은 녹다운 방식(knockdown : 부품을 수출하여 현지 조립으로 완성품을 만드는 방식)으로 조립부분에 대한 노임을 취한다. 풍부하고 값싼 노동력을 활용하는 형태로, 꽝뚱(廣東) 성에서만도 홍콩 기업의 위탁가공에 300만 명이 종사하고 있다. 이와 관련해서 홍콩 자체의 제조업 종사자는 72만 명으로 줄었다.

상대 국가와 지역으로 보자면 1993년의 수출입 합계 실적으로는 1위가 일본이며, 홍콩 · 미국 · 타이완 · 독일 · 한국 · 러시아 순이다. 수출면만으로는 홍콩 · 미국 · 일본의 순이고, 수입면만으로는 일본 · 타이완 · 미국 · 홍콩 순이다. 홍콩과 미국에 대해서 중국은 수출초과 현상을 크게 나타내고 있다.

수출품목을 보면 섬유제품이 단연 선두이나, 최근에는 전기제품의 신장세가 두드러져 섬유를 바짝 쫓고 있다. 다음은 위탁가공 관련 분야다. 한때 4분의 1을 넘던 석유 · 석탄은 몇 퍼센트 내려갔다. 전체적으로 보자면 1차 산업의 비중이 내려가고 공업제품의 비중이 80퍼센트까지 올라갔다고 할 수 있는데, 노동집약형 산업 혹은 저부가가치의 제품이 수출의 중심으로 '발전도상국형 수출구조'라 불린다. 그 중 주목되는 것은 외자계 기업의 수출 급증으로, 전체 수출의 30퍼센트를 차지하고 있다.

수입품목을 보자면 차량 · 항공기 · 기계설비 · 전화교환기 등 전기제품이 약 50퍼센트를 차지하고, 철광석 · 철강재 · 화학품 등의 공업용 원재료와 연료가 그 뒤를 잇고 있다.

외국자본 진출 붐

외국기업의 대중투자는 중국의 투자환경 정비에 따라 서서히 진행되었지만, 1992년 이후 급증하여 1993년 말에는 계약 베이스로 16만 개사를 넘어(조업은 5만 개사), 장기간에 걸쳐 붐을 이루고 있다. 국가 지역별로 보자면 홍콩이 선두이고, 타이완·일본·미국 순이며 유럽 각국과 ASEAN 각국도 활발하다.

투자지역으로는 5개 경제특구, 그 중에서도 선전(深圳)에 집중되어 있고, 다음으로 따리엔(大連)·상하이(上海) 등 연해 14개 도시에 경제개발구역이 설치되어 있다. 특히 연해 개방벨트가 형성됨에 따라 확대되어, 현재는 내륙에 신설된 개방구, 혹은 하이테크 개발구역에까지 미치고 있다. 이는 '전방위적 개방구조'라 불리는데, 총체적으로는 꽝뚱(廣東) 성을 위시한 연해지역이 주류를 이룬다.

업종별로 보자면 호텔·레스토랑 등의 뒤를 이어 제조업이 진출했다. 1992년부터는 규제가 완화되어 부동산·상업·물류·금융 등 제3차 산업이 더해졌다. 제조업의 경우, 처음에는 '값싼 노동력을 이용한 코스트 다운'이 진출의 목적이었으나, 최근에는 거기에 더해 '성장하는 대시장'이라는 측면에 초점을 맞추는 경우가 많아졌다.

차관은 정부 베이스와 민간 베이스로 크게 구별된다. 정부 베이스는 양국 사이의 것과 국제 금융기관에 의한 것으로 나눌 수 있다. 전자는 일본이 선두를 달리고, 유럽 각국도 프로젝트와 직결된 공여 등에 열심이다. 후자에는 세계은행, 아시아개발은행(ADB) 등이 포함되어 있다. 정부 베이스의 차관은 저금리

번화가에는 외국기업의 간판이 두드러지게 눈에 띈다

로 변제기간이 길기 때문에 항만 · 철도 등의 사회기반시설, 농업 · 에너지 등의 프로젝트에도 사용되고 있다.

융자 외에도 채권이 있다. 중앙이나 지방정부, 금융기관이 일본 · 홍콩 · 구미 등에 잇달아 사채와 공채를 발행하고 있으며, 종류도 매우 다양하다.

차관공여에서 채권을 인수하는 측은 당연히 상대방의 변제능력을 고려해야 한다. 중국의 변제능력은 매우 견실하여 채무잔고와 상환액이 함께 증가하고 있으며, 수출입과 원리상환액의 비율, 채무율(수출입과 채무잔고의 비율)도 모두 국제적 경계라인을 밑돌고 있다.

국제경제 관련 분야에서 중국이 당면한 최대 목표는 관세무역일반협정(GATT) 가맹(중국측의 표현으로는 복귀*)을 실현하는 일이다. 이는 중국 경제의 국제화를 국내외에 보여주는 상징임과 동시에 불공평한 대우에서 벗어나고 수출 확대에 기여하는 등 현실적인 이익도 기대할 수 있다. GATT를 세계무역기구

(WTO)에 격상시키려는 국제적 합의가 가능해진 지금, 가맹 요구는 더욱 강해지고 있으며, 그 때문에 GATT의 법칙에 따른 무역체제 개혁이 진행되고 있다.

GATT 가맹에 대하여 더한층 시장개방이 요구되고 있는데, 민족산업 중에서도 첨단산업이 받게 될 충격은 결코 작지 않다. 그러나 이 외압을 이용하여 시장경제화를 한 단계 더 촉진하게 될 것은 당연하다. 'GATT 가맹이 가져올 영향과 대책'은 중국의 기업가들 사이에 뜨거운 화제가 되어 있다.

* 제2차 세계대전 직후인 1947년 GATT가 설립되었을 때 중국(당시는 국민당 정권)은 창립멤버 23개국 중 하나였으나, 타이완 당국은 대륙을 빼앗기던 이듬해인 1950년 GATT에서 탈퇴해버렸다. 그래서 중국은 신규 가맹이 아니라 '체약국 지위의 회복'을 주장하고 있으며 당기관지 「인민일보」 등에서는 'GATT 복귀'를 '복관(復關)'이라 표현한다. —역주

20 성장과 양립하는가

환경보호

중국 공해의 특징

중국의 중공업지대를 방문하면 자욱한 연기에 놀라게 된다. 상하이의 도심을 흐르는 쑤저우허(蘇州河)의 악취에 대해서도 개선의 배려가 보이지 않는다. 경제 고도성장의 그늘 아래 환경오염이 심각하게 진행되고 있는 것이다. 중국 정부는 나름대로 노력을 기울이지만, 장기간에 걸친 무관심과 '방치'가 계속되어 느린 진행을 보이고 있다.

중국의 환경문제에 관해서는 다음 몇 가지를 알아둘 필요가 있다.

• 인구가 많고 1인당 경지 · 삼림자원 · 수자원 · 목초자원의 보유량이 세계 평균을 큰 폭으로 밑돌고 있다. 인구가 증

가할수록 그 보유량은 낮아진다. 그 악순환을 단절할 방법은 인구억제밖에는 없어, 단기간에 효과를 보기는 어렵다.

- 하천 상류에 민둥산이 많고, 하류의 인구밀집 지역은 평원으로 흐름이 완만하다. 이 때문에 표토(表土)의 유실이 심각하고, 환경에 미치는 영향도 엄청나다. 또 하천이 일단 오염되면 복원하기가 매우 어렵다.
- 산업분야에서나 시민생활면에서나 소비에너지의 주력은 석탄이다. 이 매진(煤塵)과 유황산화물이 대기오염의 주범이나, 악화를 방지하는 데까지는 미치지 못하고 있다.
- 환경문제에 무관심했던 때에 에너지를 많이 소비하는 형태의 중공업이 발전했다. 최근에는 향진기업 등 소형 공장이 규제의 눈길이 미치지 않는 농촌지대에서 공해를 일으키고 있다.
- 농업에서는 비료 · 농약 · 비닐필름의 사용이 증가하여, 생태환경에 나쁜 영향을 미치고 있다.
- 공해로 인한 경제손실은 공식발표를 통해서만도 연간 인민폐 1천억 위엔에 이른다고 하나, 구체적 실태는 공표되지 않고 있다. 피해자가 스스로 나서서 발언하고, 운동을 확산해나가는 경우는 거의 없다.

심각해지는 오염

대기오염

석탄은 에너지 소비의 4분의 3을 차지하고 있으며, 방대한 매진(煤塵)과 유황산화물을 발생시키고 있다. 공업화의 진전에 따라 발생량은 더욱 증가하고 있다. 공장과 발전소 중 효율성 높은 집진(集塵)장치와 탈유(脫硫)장치를 설치해놓은 곳은 극히 드물다. 북부 도시에서는 겨울철 난방에 석탄(혹은 연탄)을 때기 때문에 매진이 시야를 가리고 옷이 더러워진다. 대도시의 SO_2 농도가 일본의 3배라고 하는 충격적인 조사결과도 나와 있다.

2000년까지는 공업배출 가스의 처리율을 82퍼센트까지 높인다는 목표를 세웠다. 도시에서는 가스의 보급과 집합난방 지역의 확대를 진행하고 있다.

대기오염은 산성비를 불러온다. 서남지방의 충칭(重慶)·꾸이양(貴陽)을 위시한 꽝시(廣西)·후난(湖南)의 공업도시에서도 산성비가 관측되고 있는데, 범위가 확대되는 경향을 보이고 있다. 인체에 미치는 영향은 물론 삼림에 미치는 영향도 간과할 수 없다.

석유화학공업의 급속한 발전도 대기에 영향을 주고 있다

수질오염

'자연환경' 항목에서도 기술했듯이 수자원의 분포상황은 지극히 불균형을 이룬다. 남방은 충족되고 있지만, 전국 경지면적의 64퍼센트를 차지하는 북방의 수자원은 19퍼센트를 점유하는데 지나지 않는다. 북방은 지하수가 적고, 강수량도 낮다. 최근 들어 농업개관에도 지하수를 사용하기 때문에 지하수의 수위가 낮아진 결과 '화북 평원의 진주'라고 불리는 바이양띠엔(白洋淀)이라는 호수까지 바싹 말라버렸다. 북방에서는 50개 도시에서 단수가 계속되고 있으며, 물부족으로 시달리는 농촌인구는 5천만 명에 달하고 있다.

이러한 물부족에 더하여 산업폐수가 급증하고 있다. 그 대부분이 처리되지 않은 채 하천에 '방류'되고 있는데, 특히 유독화학물질과 중금속이 문제다. 농촌에서는 향진기업의 '방류'와 농약보급으로 농지가 오염될 뿐만 아니라 도시의 상수원마저 오염되고 있다. 이외에 대도시에서는 생활수준의 향상에 따라 생활계 배수의 오염도 빠르게 진행되고 있지만, 하수도 보급 등 도시의 기반정비는 매우 늦어지고 있다.

2000년까지는 공업배수의 처리율을 82퍼센트까지, 도시의 하수도 보급률을 70퍼센트까지 올린다는 목표를 제시했다.

오래전에 고체폐기물 · 공업폐기물의 종합적 이용을 제기했으나, 실제 사용률은 30퍼센트 안팎이다. 대부분은 결국 그대로 배출, 방치, 축적되어 수만 헥타르를 점유하고 있고, 2차 오염원이 되고 있다. 방사성 폐기물에 대해서는 엄격히 관리하고 있으나, 화학공장의 폐기물에 대해서는 무해화(無害化) 처리가 거의 이루어지지 않는 것이 현실이다. 발전소에서 나오는 석탄재가 어업양식장을 채우는 등의 사례도 발생하고 있다. 2000년까지는 공업폐기물의 종합이용률을 37퍼센트까지 높인다는 목표를 제시했다.

도시쓰레기는 종전에는 연탄재와 흙먼지가 많았으나, 최근에는 생활변화에 따라 쓰레기가 급속히 늘어나고 있다. 베이징에서는 수집된 쓰레기를 야산에 버리고 있어 지하수에 영향을 미친다.

소음 공장의 소음과 건설현장의 소음도 심각하여, 공식발표에 의하면 공장종업원의 30퍼센트, 도시주민의 40퍼센트가 소음의 환경하에 있다고 한다.

생태환경 황허(黃河)의 상·중류 일대는 민둥산으로, 강우량은 낮지만 집중호우가 내리기 때문에 표토(表土)의 유실이 심하여, "황허 1석에 흙이 6두(黃河一石, 含泥六斗)"라는 말같이 토사

표토의 유실이 계속되는 황토 고원

를 대량 함유한 강이 되는 것이다. 어린아이가 강을 그릴 때 황색을 칠하는 것을 보면 과연 그렇다는 것을 알 수 있다. 생태균형의 파괴가 가져온 심각한 일면을 보여준다.

서북부에서는 농지, 목초지와 오아시스의 사막화가 천천히 진행되고 있다. 북부의 건조지대에서는 토양의 알칼리화가 확산되고, 일부 연해지역도 그 위협에 처해 있어, 농업에 미칠 영향이 염려된다.

야생 동식물 보호는 팬더나 따오기처럼 국가적 프로젝트로서 행해지는 것도 있지만, 개발의 물결에 밀려가기 쉽다.

주변국도 강한 관심을

근대화에 첫발을 내디딘 1979년에 중국은 환경보호법(시행)을 공표하고, 이를 효시로 해양환경 보호 · 수질오염 방지 · 대기오염 방지의 각 법 등 수십 개의 법규, 수백 개의 환경기준을 제정했다. 환경행정에서도 국무원 부총리를 주임으로 하는 환경위원회 아래 환경보호국이 주관 관청이 되는 2천 개의 공해감시소(Monitering Station)를 설치했다.

공해방지의 구체적 방안은 ① 환경 종합평가(assessment)의 제도화 ② 건설공사의 삼동시(三同時 : 본체와 오염방지 설비를 동시에 설계 · 시공 · 조업하는 것)의 의무화 ③ 오염배출자에 대한 과징금, 벌금의 제도화 등이다. 행정면에서는 체제정비가 상당히 이루어지고 있다.

최대 문제는 자금 부족이다. 오염방지에 대한 투자 총액은 GNP의 1퍼센트에 이르고 있으나, 그것으로는 태부족이다. 기

소나무로 산림녹화를 한다

존 공장은 기술개조뿐만 아니라 공해방지 설비를 설치해야 하지만, 자금 부족 때문에 생각처럼 진행되지는 않는다. 또 앞에서도 기술했듯이 여론이 정부와 기업에 압력을 가하는 상황은 좀처럼 형성되지 않아, 근본적인 해결에는 이르지 못하고 있다. 이러한 추세대로라면 '공해대국'이 될 것은 당연하다.

환경보호는 세계 공통의 과제로, 중국은 대국으로서 개발과 환경보호를 병행해나가는 데 큰 책임이 있다. 일본은 중국의 인접국가로서 그 영향권에 있기 때문에, 중국의 환경문제는 남의 일이 아니다. 한편 중국도 일본이 공해방지를 위해 노력했던 경험과 기술을 높이 평가하고 있어, 협력에 거는 기대가 크다. 환경면에서의 중·일 협력은 1984년 이후 여러 경로와 방식으로 진행되고 있다. 예컨대 베이징 시를 위시한 10여 개 시의 상·하수도에 엔차관 공여, 보전(保全)센터 증여, 황토 고원 치산(治山)기술자 훈련 협력, 대기광화학 반응의 공동연구 등이 있다.

화력발전소용의 간편한 탈유(脫硫)장치 개발도 공동으로 진행한다. 탈유효과가 충분하다고 할 수는 없지만, 낮은 가격에 초점을 맞췄기 때문에 중국의 국정에 맞는 면도 있다.

중국의 동북·화북·서북의 '삼북(三北)'에 나무를 심어 '녹색 만리장성'을 구축하려는 장대한 계획도 있어, 일본 민간단체들도 열심히 협력하고 있다. 여름휴가 때에는 대학생도 자원봉사자로 참가하여 무더위에도 묵묵히 땀을 흘린다. 1994년의 중·일 환경보호협력협정 체결이 세계적인 환경보전 노력에 공헌할 것을 기대해본다.

데이터로 본 중국

성(省)별 생산력 비교(1997년 실적)

	GDP(억 위엔)	1인당 GDP(위엔)	1차산업(억 위엔)	2차산업(억 위엔)	3차산업(억 위엔)
금액	74,772	6,079	13,969	36,770	24,033
1위	꽝뚱 성	상하이 시	산뚱 성	쟝쑤 성	꽝뚱 성
2위	산뚱 성	베이징 시	쓰촨 성	꽝뚱 성	쟝쑤 성
3위	쟝쑤 성	티엔진 시	꽝뚱 성	산뚱 성	산뚱 성

	쌀(만 톤)	보리(만 톤)	옥수수(만 톤)	고기(만 톤)	수산물(만 톤)	석탄(억 톤)
생산량	20,074	12,329	10,431	5,152	3,602	13.73
1위	후난 성	산뚱 성	지린 성	쓰촨 성	산뚱 성	산서 성
2위	쓰촨 성	허난 성	산뚱 성	산뚱 성	꽝뚱 성	허난 성
3위	후베이 성	쟝쑤 성	흑룡강 성	후난 성	푸지엔 성	쓰촨 성

	석유(만 톤)	철강(만 톤)	발전량(억 kwh)	자동차(만 대)	TV(만 대)
생산량	16,074	10,894	11,356	158	3,637
1위	흑룡강 성	랴오닝 성	산뚱 성	후베이 성	쟝쑤 성
2위	산뚱 성	상하이 시	꽝뚱 성	지린 성	상하이 시
3위	랴오닝 성	후베이 성	쟝쑤 성	후베이 성	꽝뚱 성

『중국통계연감』, 1998년을 근거로 작성

제4장

사회와 생활

21 일상생활의 변화

생활과 의식

의·식·주·행(衣·食·住·行)

사회의 모습은 정치·경제에 따라서 크게 좌우된다. 이 점은 중국도 마찬가지여서, 1949년 건국부터 문혁 종료까지의 30년 동안과 1979년 이후 개혁·개방 시기는 매우 양상이 다르다. 중국 사회과학원이 펴낸 『1992~1993년 중국 사회정세의 분석과 예측』에 따르면, 그 차이는 전통적 계획경제에서 사회주의 시장경제 체제로, 농업사회에서 공업사회로, 폐쇄·반폐쇄의 사회에서 개방사회로의 전환이라는 것이다.

전환의 흔적을 더듬는 지표로써 산업별 사회노동자의 비율을 보면, 1차 산업은 1952년의 83.5퍼센트가 78년에는 70.0퍼센트로, 1990년에는 60.0퍼센트로 감소했고, 그 대신 2차 산업은 같은 기간에 7.4퍼센트에서 17.6퍼센트, 그리고 21.4퍼센트로,

또 3차 산업은 9.1퍼센트에서 11.7퍼센트, 그리고 18.6퍼센트로 각각 증대했다. 도시인구는 1949년에 10.46퍼센트였는데 1981년에는 20.16퍼센트, 1992년에는 26.2퍼센트로 증가했다. 근대화에 따른 공업화 · 도시화의 현상이다.

근대화에 따른 변화를 생활의 기본적 요소인 의 · 식 · 주 · 행(중국에서는 의식주에 교통을 추가하여 4요소로 하는 경우가 많다)을 중심으로 구체적으로 검토해보기로 한다.

먼저 의(衣)를 보자.

중국은 1954년부터 면포배급제를 실시하여 표가 없으면 옷을 살 수 없었다. 동시에 옷에 대한 관리도 엄격해서, 남녀노소 누구라도 검은색, 회색, 푸른색 중산복(中山服)을 입도록 했는데, 조금이라도 화려한 옷을 입으면, 남자의 경우 '페이(匪 : 부랑자나 건달의 뜻)', 여자의 경우 '랑(浪 : 헤프다는 뜻)'이라 하여 비판받았다. 오랫동안 입기 위해 무겁고, 두껍고, 질긴 것을 당연시했던 만큼 외국에서는 '패션계의 사막지대'라고 평했다.

다양한 옷이 걸려 있는 거리의 상점

1983년 12월에 배급제도가 폐지되면서 방직품을 자유롭게 살 수 있게 되었다. 복식(服飾)기업은 1978년에 2만 개에서 1990년에는 3만 5천 개로, 생산량도 6억 7천만 벌에서 31억 5천만 벌로 늘었다. 1인당 섬유소비량도 1978년에는 2.4킬로그램이던 것이 1990년에는 4킬로그램으로 증대되었다. 질적으로 가볍고, 얇고, 부드러운 것을 선호했다. 길거리에는 티셔츠, 미니스커트, 블루진 등 무엇이든 눈에 띄었다. 1990년대 들어서는 유행을 추구하기보다 개성과 유명 브랜드를 선호하는 경향이 강해졌다.

식(食)을 보자면, 1인당 곡물소비량은 1978년 195.5킬로그램에서 1985년에 251.7킬로그램까지 늘어났다가 1991년에는 234.5킬로그램으로 조금 떨어졌다. 이는 '추량(粗糧 : 옥수수, 고량 등의 거친 곡식)'보다 '시량(細糧 : 쌀, 밀 등 부드러운 곡식)'을 선호하고, 주식보다 부식을 중시하는 등 식생활의 고급화·다양화와 관련이 있다.

1978년부터 1991년까지의 부식품 변화를 보면, 돈육은 7.7킬로그램에서 17.3킬로그램으로, 계란은 2킬로그램에서 7.1킬로그램으로, 식물성 식용유는 1.6킬로그램에서 6킬로그램으로 각각 증가했다. 식생활이 개선되면서 1인당 섭취해야 할 칼로리는 1979년의 경우 2,453킬로칼로리로, 중소득국의 수준(2,590킬로칼로리)을 약간 밑돌았으나, 1984~1986년 평균은 2,622킬로칼로리로 수준을 웃돌았다. 그러나 중국의 식생활은 여전히 식물성 식품이 중심이어서, 곡물·야채가 81.5퍼센트를 차지하고 있고, 육류·단백질은 적은 편이다.

수입의 증대

주(住)는 도시와 농촌이 다소 차이가 있다. 도시주민은 원칙적으로 공공주택을 임대하기 때문에, 주거지가 좁은 대신 집값이 싸다. 1인당 거주면적(방을 의미함. 복도 등은 포함되지 않음)은 1949년에 4.5m²이던 것이 1978년에는 4.2m²로 일단 감소되었다가(인구증가가 주택건설을 넘어섰기 때문), 1993년에는 10.4m²로 확대되었다. 그런데도 여전히 전국적으로 55만 세대가 1인당 2m²의 좁은 공간에서 고생하고 있으며, 5천만m²는 개축해야 하는 낡은 주택이다. 따라서 1990년대에 들어와서는 주택의 상품화가 진행되어 국가·개인·기업에서 자금을 내어 주택을 건설한다든가 사전에 주택건설 채권을 구입하는 등의 방법도 강구한다.

농촌의 주택은 농민의 소유이다. 농민은 먹을 것만 충족되면 남는 돈을 주택건설에 충당하여, 1인당 거주면적은 도시의 두 배인 19m²(1992년 말)이다. 전 농가의 약 40퍼센트에 해당하는 8,600만 호가 1980년대에 새로 지은 집으로 이사했다. 신축 주택은 85퍼센트가 빨간 벽돌과 콘크리트로 지어졌고, 30퍼센트가 2층 이상이다.

내구소비재의 급증도 두드러진다. 일찍이 '라오싼따지엔(老三大件 : 세 가지 인기 있는 물건)'이라 불리던 자전거, 손목시계, 재봉틀은 널리 보급되었으며, 도시에서는 컬러TV(100세대당 77.8대), 세탁기(동 85.4대), 냉장고(동 55.3대)가 그것을 대신한다. 일부에서는 전화, 자동차, 주택을 세 가지 인기 있는 물건이라고 한다.

거리에는 자전거가 즐비하다

시민의 발 택시(황색)

행(行)에 대해서는, 자전거 보유대수가 3억 9천만 대(100명당 34.2대)로, 세계적인 자전거왕국이 된 것 외에 오토바이, 승용차도 나오기 시작했고 고속화가 추진되고 있다. 기계공업부의 추산에 따르면, 중국의 자동차 보유대수는 1993년 말까지 810만 내지 820만 대이고, 그 중 개인소유는 96만 대로 아직 많지는 않지만 증가추세에 있으며, 택시(베이징에 6만 대)가 시민의 발이 되고 있다.

물론 이러한 소비의 신장이라든가 생활수준의 향상에는 수입증가가 뒷받침되어야 한다. 1993년의 1인당 수입은 도시주민이 2,337위엔, 농민이 921위엔으로, 각기 1978년의 7.3배와 7.1배가 되고 있다. 중국인민대학에서 실시한 여론조사에서 60.3퍼센트가 현재의 경제정세에 만족한다고 하였고, 64.8퍼센트가 이후의 경제발전에 대해 낙관적이라고 대답하였다(『베이징 주보』 1992년 39호).

수입과 내구소비재 보유면에서 도시와 농촌간의 격차가 나타나고 있는 것, 지역과 직업에 따라 빈부의 차가 커지는 것을 주의깊게 보아야 한다. 주장(珠江) 델타와 창장(長江 : 揚子江) 델타에는 100만 위엔의 재산을 갖고 있는 사람이 1만 명을 헤아리는 데에 반해 내륙지역에는 세대당 연수입이 300위엔 이하로, 8천만 명의 인구가 먹을 것과 입을 것조차 제대로 해결하지 못하고 있다(1994년 3월 전인대에서의 정부활동 보고).

사회구조의 변화

다음으로는 근대화에 따른 사회의식과 사회구조의 변화를 개관해본다.

개혁 15년의 성과로 "사람들의 관념도 서서히 변화하여 상품경제의 의식이 강해지고, 경쟁의식을 불러일으켜 개혁·개방 속에서 현명한 지식을 더욱 크게 발휘했다"(『베이징 주보』 1993년 43호). 농촌에서는 인민공사가 해체되고, 농가마다 생산청부제가 실시된 결과 생산성이 향상되었다. 동시에 잉여노동력의 상당 부분이 향진기업과 연해지구의 도시로 유입되었다.

그런 와중에 생겨난 특색은 농촌의 계층분화다. 이전까지는

지금도 마차가 다니는 중국의 농촌

모두 똑같이 인민공사원이라고 불리던 농민을 농업노동자(55~57퍼센트), 농민공(農民工, 24퍼센트), 고공(雇工, 4퍼센트), 농민 지식분자(1.5~2퍼센트), 개인노동자(5퍼센트), 사영기업주(0.1~0.2퍼센트), 향진기업 경영자(3퍼센트), 농촌관리자(약 6퍼센트)의 8개 계층으로 분류했다(『중국사회과학』 1990년 3기 「최근의 사회계급과 계층연구 총론」).

또 다른 하나는 종족의 부활인데, 화중과 화남에 많다. 부계 혈연으로 맺어진 동족이 함께 제사를 지내고 족보를 만들 뿐이라면 모르겠지만, 경계와 농업수리를 둘러싸고 다른 종족과 '시에떠우(械鬪 : 무기를 사용하여 싸우는 것)'를 일으키는 경우가 1980년대 중반 이후 자주 일어나 주목되고 있다. 인민공사가 해체되면서 농촌의 사회관리 기구가 허술해진 까닭에, 기층에 깔려 있던 종족관념이 대두된 것이다.

한편 도시의 경우 2차·3차 산업이 증대된 것에 대해서는 앞에서도 기술했지만, 그 과정에서 '싼쯔(3자〈三資〉 : 합자〈合資〉, 합작〈合作〉, 전액 외자〈全額外資〉)' 기업과 사영기업, '꺼티후(個體戶 : 개인사업)'가 늘어나고, '샤하이(下海 : 지식인, 공무원 등이 영리목적의 상행위로 전향하는 경우)'와 '띠얼즈예(제2직업)'가 장려됨으로써 직업이 다양해졌다. 그 결과 그때까지 도시사회 구성의 기층조직이었던 '딴웨이(單位 : 중국에서의 '單位'는 우리말에서의 의미와 같지 않다. '직장'의 의미이기는 하나, 우리의 직장개념과는 또 다르다. 예를 들면 공장, 학교 등은 단순히 기업·사업을 경영하는 것뿐만 아니라, 소속직원 혹은 노동자와 그 가족의 생활까지 보장하여, 독립된 사회를 구성하고 있다—역주)' 체제는 약화되어 가는 경향을 보인다.

뿌리깊은 전통

농촌의 계층분화와 도시에서의 '딴웨이(單位)' 체제 약화현상은 시장경제 도입에 따른 변화지만, 종족의 부활에는 뿌리깊은 전통적 인습이 느껴진다. 의식면에 남아 있는 전통과 습성은 매우 뿌리깊은 것이어서, 앞서 인용한 중국인민대학의 여론조사에서도 현재의 사회분위기에 대해서는 '그다지 만족하지 않는다'와 '불만'이 52.1퍼센트였으며, 인간관계에 대해서도 마찬가지의 응답이 34.9퍼센트를 차지했다.

"현재 사회생활에서 선물을 하지 않으면 일이 잘 풀리지 않는다(78.2퍼센트)" "마음에서 우러나왔든 억지로든 인간관계 때문에 결국에는 보내게 된다(66.2퍼센트)"는 대답이 많았다. 또 직업이미지로서는 교사·군인·노동자·과학기술자가 좋고, 자영업·세무원·상점종업원이 나쁘다는 결과가 나왔는데, 이는 '샹치엔칸(向錢看 : 배금주의)'에 대한 반발일까.

베이징 사회경제과학연구소에서 펴낸 『전국 시민의 정치심리

중국 대중의 현실생활에 대한 만족도(퍼센트)

	만족	비교적 만족	모르겠다	그다지 만족 하지 않는다	불만	무응답
사회·경제 상황	14.5	45.8	15.8	18.3	5.1	0.4
사회·정치 상황	19.8	39.6	24.6	11.6	3.6	0.8
사회기풍	6.0	24.4	16.4	36.5	15.6	1.1
인간관계	6.2	30.8	27.0	25.7	9.2	1.1

자료 : 『베이징 주보』 1993년 3-4호 28쪽

조사』를 보면, 중국 시민의 75.06퍼센트가 민주주의를 필요로 하고는 있으나, ① 민주정치에 적응하기 위한 심리적 준비가 성숙되지 못했고 ② 출판·집회·결사·시위 등 적극 참가형 정치의 자유권에 대한 욕구가 강하지 않으며 ③ 법치의식이 상당히 희박하고 대다수 시민이 정부의 권력을 제한해야 할 필요성에 대해 충분히 인식하지 못하고 있으며, 시민적 권리의식도 약하다는 점 등이 지적되고 있다.

여전히 전통과 변혁이 혼재된 사회가 계속될 것이다.

22 마이홈은 지금

결혼과 가정

핵가족화의 흐름

오랫동안 가정과 효의 개념은 중국을 이해하는 데 필수불가결한 포인트가 되어왔지만, 근대화가 진행되는 지금에 와서 사정은 매우 달라졌다. 대가족제(부모와 자식 중심으로, 1호당 가족수가 많다)가 차츰 무너지면서, 핵가족(부부 중심으로, 가족수가 적다)으로 바뀌고 있다. 가족수에 관한 통계를 보면 20세기 전반에는 5.2명에서 5.4명 사이였으나, 1949년을 경계로 4.3명으로 감소되었다. 그 후 약간 증가하여 1964년에는 4.43명, 1983년에는 4.41명을 기록했으며, 1990년에는 3.97명으로, 4명대로 떨어졌다.

이러한 변화 밑으로 흐르는 것은 사회 자체의 구조변화와 인구억제책이라 할 수 있다. 구조변화에 대해서는 ① 소농경제에서 사회주의의 공업화한 대규모 생산으로 발전해감에 따라 대가족의 존재기반이 흔들린다 ② 대가족의 경우 방계(傍系)가 많아, 며느리끼리 혹은 삼촌과 조카 사이에 갈등이 생기는 경우가 많다 ③ 해방 후 여성의 지위가 향상됨에 따라 가족 내부에 변화가 생겨 며느리의 발언권과 가사에 대한 지배권이 강해졌다 ④ 구미의 자유주의적 윤리가 '공맹(孔孟)의 도'를 뒤흔들면서 인권과 개성의 해방이 주장되었다는 등의 문제가 지적되었다.

인구억제책으로는 한 자녀 정책이 잘 알려져 있다. 그 개략적 상황에 대해서는 '인구·민족' 항에서 설명했으므로 생략하기로 하고, 여기에서는 인구문제가 도시와 농촌에서 각기 그 양상을 달리하는 점에 대해 언급하기로 한다.

도시와 농촌의 차이

1992년의 1호당 가족수는 도시가 3.37명인 데 반해 농촌은 4.67명이며, 증가율(1990년 전국 평균은 1.47퍼센트)은 베이징, 상하이, 티엔진의 3대 도시가 0.49~0.92퍼센트인 데 반해 27개 성(省) 자치구는 저장(浙江)·랴오닝(遼寧)을 제외하고는 모두 1.0퍼센트 이상이다. 도시는 선진국형, 농촌은 도상국형이라 할 수 있는데, 도시일수록 결혼하지 않는 남녀가 늘어나고, 결혼해서 '아이를 갖지 않는' 부부도 생겨나고 있다.

주요 이유로 중국의 농업은 현재도 여전히 가정단위의 소농경제로 노동력이 중요한 역할을 차지하고 있어, 농촌일수록 전통적인 '다자다복(多子多福)' '중남경녀(重男輕女 : 남존여비의 중국식 표현)'의 관념이 남아 있기 때문에, 쓰촨(四川) 성과 베이징

시에서 실시한 의식조사에 따르면, 자식이 하나여도 좋다는 사람의 비율이 두 지역의 도시부에서는 각각 59.52퍼센트와 56.90퍼센트였는 데 반해, 농촌부에서는 13.95퍼센트와 28.02퍼센트로 나타나고 있다(『人口學刊』 1992년 제2기에 실린 논문에서).

그러한 경향을 뒷받침해주듯이 농촌에서는 한 자녀 정책이 잘 지켜지지 않는다. 1989년의 출생인구를 보면, 첫째아이가 49.5퍼센트, 둘째아이가 31.2퍼센트, 셋째 이상의 아이가 19.3퍼센트이며, 둘째 이상의 92퍼센트까지가 농촌에서 태어났다는 것을 알 수 있다. 한 자녀의 비율이 도시에서는 78.5퍼센트, 농촌에서는 45.9퍼센트라는 통계도 있다. 그러나 감시를 강화하면 타지역으로 도망가서라도 둘째아이, 셋째아이를 낳는 '헤이 하이쯔

천진난만하게 놀고 있는 농촌의 아이들

삼대가 나란히

(黑孩子 : 호적에 등기되지 않은 아이)' 현상도 생겨나고 있다.

농촌에서 핵가족화를 억제하는 요인으로 사회보장제도의 미발달을 들 수도 있다. 한 지역에서의 조사(湖南省 桃源縣 同仁村)지만, 핵가족을 이상적인 가정으로 꼽은 경우가 36.82퍼센트였던 데에 반해 '주간 자쭈(主幹家族 : 부모와 아들, 손자 3세대가 함께 사는 가족)'가 46.36퍼센트, '리엔허 자쭈(聯合家族 : 부모와 결혼한 둘 이상의 자녀부부가 함께 사는 가족)'가 16.82퍼센트로, 양친과의 동거를 희망하는 경우가 3분의 2에 가깝다. 그 이유로 ① 노인이 가사를 담당하고 ② 노인을 부양하는 데에 편리하고 ③ 작업을 분담하여 수입을 늘릴 수 있고 ④ 3세대의 동거는 가족의 화목을 나타낸다는 등을 들 수 있다.

'생활과 의식' 항에서도 제기했듯이, 화중과 화남의 농촌에서는 인민공사 해체 이후 종족이 부활하여 혈연관념이 강해지고 있다. 농촌에서 도시로 거주지를 옮기는 것이 기본적으로 금지되어 있는 현상황을 고려해본다면, 도시와 농촌간의 차이가 더욱 커질 가능성도 생각해볼 수 있다.

연애에서 결혼까지

마이홈의 현상황을 다른 각도에서 짚어보자.

혼인법에는 혼인의 자유, 일부일처, 남녀평등이 명시되어 있고, 혼인의 적령을 남자 22세, 여자 20세(1950년에 제정된 혼인법에는 남자 20세, 여자 18세로 되어 있었으나, 1980년에 개정) 이상으로 한다. 현실적으로는 만혼이 장려되어, 21세에서 24세까지 대상을 찾고 교제를 한 후 남자 26세, 여자 24세 때 결혼하는 것이 평균적이라고 한다. 다만 도시와 농촌의 차이를 보면 여자의 평균 초혼연령이 도시에서는 24.10세인 데 반해 농촌에서는 21.53세이다.

도시부에서의 사례를 소개하자면, 베이징에서 대학생 1,500명을 대상으로 여론조사를 했는데, ① 학생 사이에는 연애를 생각하지 않는다(46.9퍼센트) ② 연애를 해보고 싶다(21.9퍼센트) ③ 연애해본 적은 있으나 실패했다(15.3퍼센트) ④ 목하 연애중이다(14.5퍼센트)로 나와 있으며, 배우자를 고르는 기준으로는 ① 성격(43.6퍼센트) ② 공통의 취미(20.5퍼센트) ③ 포부, 재주(20.1퍼센트)로 답하고 있어, 가정의 경제상황이라든가 용모에 대해서는 기존에 비해 낮은 점수가 매겨지고 있음을 알 수 있다(『베이징 주보』 1992년 46호).

부모가 혼처를 정해주던 것은 이미 과거의 일이며, 연애 중

결혼식장으로 가는 신랑 신부. 예전과는 많이 변했다

심으로 바뀌고 있는 가운데 결혼상담소를 통해 맞선을 보는 경우도 있다. 최근에는 베이징 TV방송국 프로그램으로 「오늘밤의 외출」이 인기를 끌었는데, 3년 동안 400명 이상이 브라운관에 등장하여 그 중 30퍼센트가 결혼에 성공했다. 컴퓨터를 통한 결혼상담 시스템도 1992년 5월에 발족하여, 6천 명 이상의 데이터가 입력되었다(『베이징 주보』 1993년 24호).

결혼식은 해가 다르게 화려해진다. 1949년 이전에는 물론이고, 신중국 성립 이후 문혁 시기까지는 결혼식이라고 하면 각 가정에서는 친지를 불러모으고, 손님은 신혼부부의 방에서 떠들썩하게 놀다가 헤어지는 것(이를 '나오팡〈鬧房〉'이라 한다)이 일반적이었다. 이런 형식은 농촌에서 지금도 볼 수 있지만, "방 서너 칸을 갖춘 벽돌집이 아니면 며느리를 얻을 수 없다"는 말이 나오고, 전기제품을 갖추고 피로연을 따로 해야 하기 때문에 비용이 많이 든다.

도시에서는 더욱 화려함을 추구하는데, 브라이들(bridal) 산업에 의존하여 호텔이나 레스토랑에서 식을 올리는 경우가 늘어났다. 댄스홀이나 가라오케홀을 빌려 피로연을 하고 '결혼행진곡'에 맞추어 손님과 함께 춤을 추는 경우도 있다. 극단적인 경우로 고급 승용차를 20대나 동원하여 호텔로 가고, 대형 연회장을 세내는 호화판이 보도된 적도 있다. 결혼식에 사용한 비용을 보면 1982년경에는 평균 3,600위엔이었고, 1985년에는 5천 위엔이던 것이 1990년대에는 1만 위엔을 넘었다는 조사결과(『인민중국』 1993년 6월호)도 있다. 엄청난 지출이지만 양친이 자식을 위해 비용의 60퍼센트 이상을 부담한다.

자녀양육의 현실

핵가족의 경우는 다르겠지만, 결혼을 하면 남편의 양친과 함께 살고, 자식은 아버지의 성을 따르는 경우(중국에서는 부부가 각기 자신의 성을 쓴다)가 압도적이다. 아무리 남녀평등을 강조하

장난기 가득한 '소황제(小皇帝)'

고 '여성이 하늘의 절반을 지탱한다'고 해도, 이 방면에서는 여성의 부담이 커지게 되어 있다. 옛날처럼 삼종(三從 : 父·夫·子를 따른다)과 사덕(四德 : 여성으로서 지켜야 할 婦德, 婦言, 婦容, 婦功)만을 입에 올리지는 않지만, 노동과 육아에 동시에 힘쓰고 있다.

'자부엄모(慈父嚴母)' 현상이 두드러진다. 이른바 '치맛바람'으로, 엄마는 아이에게 음악, 무용, 미술, 외국어 교습을 받게 하고 자신의 자유시간을 희생하면서까지 아이의 공부를 돕는다. 일과 가사를 병행하여 추구하는 만큼 조금씩 아이에게도 강하게 대한다. 이에 반해 아빠는 산책과 소풍을 함께 하는 경우가 많기 때문에 편하게 여긴다.

도시에는 한 자녀인 경우가 많기 때문에 특히 이러한 경향이 강하다. 가정교육은 지육(知育)을 중시하여, 자녀를 재자(才子) 재원(才媛)으로 키우려 하는 만큼 덕육(德育)은 경시되고 있다. 이와 동시에 응석받이로 큰 아이는 아무래도 의지심이 강하고

손자를 귀여워하는 할머니

자기 중심적이 되는 경향이 많다(『베이징 만보』 1993년 2월 10일). 자립의식과 책임감이 부족하고 결혼한 후에도 의식주를 부모에게 의지하는 경우가 늘어났다는 비판(「인민일보」 1993년 5월 23일)도 나오고 있다.

이혼의 증가도 두드러진다. 중국에 이혼붐이 일었던 것은 1950년에서 53년(연간 약 100만 쌍)과, 1959년에서 1962년까지(연간 약 60만 쌍) 과거 두 차례에 걸쳐 있었고, 세번째는 1980년에 시작됐는데, 같은 해 34만 쌍이 이혼(이혼율 0.07퍼센트)했으며, 1990년에는 80만 쌍(0.14퍼센트), 1992년에는 85만 쌍(0.15퍼센트)으로 증가했다. 1980년에 혼인법이 개정되면서 이혼수속이 쉬워진 것도 붐 조성의 계기가 되었다 할 수 있다.

이혼이유를 보면 성격 불일치, 불륜 발각, 경제문제, 남성의 횡포 등 여러 가지이며, 부인측의 주장이 60퍼센트를 차지하고 있다. 그러한 점으로 볼 때 제1회 이혼붐은 억압으로부터의 해방, 제2회는 정치적 · 경제적 이유로 무너진 가정이었던 데 반해, 이번에는 가치관의 다양화를 반영하는 것으로, 이혼을 죄악시하는 사회풍조가 약해졌음을 의미한다.

23 인재 육성을

교육

공백으로부터의 탈출

1949년 이전 중국은 '일궁이백(一窮二白)'이라는 표현처럼, 경제적으로는 뒤처지고 문화적으로는 공백인 상태가 두드러졌다. 초등학교 취학률이 20퍼센트, 문자해독률이 20퍼센트 미만이라는 데이터가 이를 단적으로 나타내준다. 그만큼 건국 후에는 교육기회의 확대와 건설실무를 담당할 수 있는 전문가, 기술자의 양성이 긴급한 과제였다.

개선을 향한 노력은 1951년의 학제개혁에서 시작되었다. 소(小)학교, 노농(勞農) 중학, 업여(業餘) 초등학교가 전국적으로 설립되었다. 학비는 무료였고 각종 납입금과 생활비도 보조해 주었기 때문에 진학률(1952년의 소학교 입학률은 49.2퍼센트)은 급상승했다. 1953년부터는 국가재정이 어려워짐에 따라 교육진

흥도 점차 약해졌다.

제2차 고조(高潮)는 1958년의 대약진과 함께 시작하였다. 기업과 농업합작사(인민공사의 전신)가 반공반독(半工半讀)의 소·중학교를 설립, 보급시켰기 때문이다. 소학교는 1957년 54만 개교에서 1958년에는 77만 개교로 증가하여, 취학률도 61.7퍼센트에서 80.3퍼센트로 증가했다. '반공반독'이라는 말이 나타내주듯이 한 주(週)의 절반은 노동에 참가하고 나머지 시간은 공부에 할당한 결과, 정치·사상 교육은 진행되면서도 만족스러운 교육활동에는 빠지기 싫어하는 경향이 생겨나게 되었다.

1960년대에 들어와서 경제건설과 마찬가지로 교육방면에서도 조정정책을 취했다. '반공반독'의 학교에서는 대중의 최소한의 교육요구를 만족시키면서, 아울러 국가의 중견을 양성하기 위해 충실하게 전일제 학교를 운영할 것을 계획했다. 류사오치(劉少奇)가 주장한 '두 가지 교육제도'의 추진이 그것인데, 현실적으로는 전일제 학교가 중시되어 반공반독 학교와의 격차가 커졌다는 데 대해 마오쩌뚱(毛澤東)은 강한 불만을 드러냈었다.

문혁기에 접어들면서 중등학교(중학과 고교)의 학생모집수가 비약적으로 확대되어, 1965년 672만 명(중학 551만, 고교 121만)에서 1970년에는 1,415만 명(중학 1,176만, 고교 121만)이 되었다.

이와는 반대로 고등교육(대학과 고등전문학교)은 문혁 기간 중 퇴보하여, 1965년에 434개교이던 것이 1971년에는 328개교로 감소되었다. 그나마 1966년에서 1969년 사이에는 학생모집이 중지되었다가 1970년에 재개되었다. 당시의 입학생들은 선발시험을 거치지 않고, 3년 이상의 노동경험을 가진 노동자, 농민,

병사 중에서 선발되었다. 새로운 선발형식의 목적은 사회주의에 대해 자각하고, 기술과 교양을 겸비한 인간을 육성해내는 데 있었다. 그러나 한창 자랄 때인 청소년의 지적 수준을 억압한 결과 오히려 엄청난 퇴보를 초래했던 것으로 평가된다.

문혁이 끝난 후 교육사업은 대폭 수정되어야 했다. 1977년부터 입시가 부활되어 고등학교 졸업의 학력을 가진 청년이면 누구라도 대학입시를 치를 수 있게 되었으며, 소학교에서 대학까지 중점학교(重點學校 : 모델학교)를 지정하여, 1980년부터는 수업연한을 6·3·3·4제로 개정(문혁 시기에는 5·2·2·4제)했

중국의 학교제도

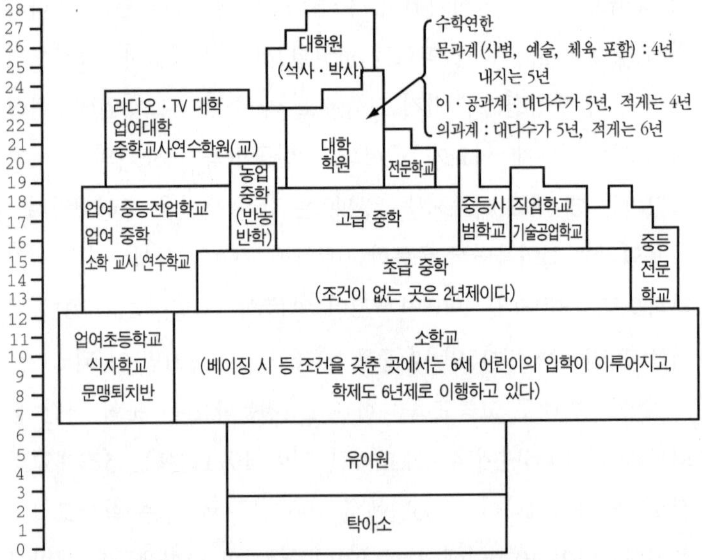

※ 중등전문학교, 농업·직업중학에서도 대학·학원에 진학할 수 있다.

다. 이에 따라 일반의 교육열은 높아졌고, 동시에 엘리트 교육, 수험지옥, 부모의 과보호 등의 현상도 생겨났다.

새로운 체제개혁

개혁 · 개방을 추진한 중국은 1985년에 와서 "경제건설, 사회발전, 과학기술의 진보는 인재육성과 두뇌개발이 이루어지는가, 경제발전을 근거로 교육사업이 더욱 발전하게 되는가의 여부에 달려 있다"는 인식(당 전국대표회의에서 채택된 제7차 5개년 계획에 관한 제안)이 형성되면서 교육체제의 개혁이 시작되었다.

개혁의 구체적 내용은 "교육체제 개혁의 근본 목적은 민족의 자질을 높이고, 뛰어난 인재를 양성하는 데에 있다"는 관점에서 ① 기초교육 발전의 책임을 지방으로 옮기고, 수단을 취해 9년제 의무교육을 실시한다 ② 중등 교육기구를 조정하고, 직업기술교육을 대대적으로 발전시킨다 ③ 대학의 학생모집 계획과 졸업생 배속제도를 개혁하고, 대학운영의 자주권을 확대한다. ④ 지도를 강화하고 교육체제의 순조로운 개혁을 보장한다는 것으로, 같은 해 5월의 중앙위원회에서 결정되었다. 중점 시책의 개요와 진행상황은 다음과 같다.

국가교육위원회의 신설 근대화의 진행과정에서 경제건설에만 힘을 쏟고 교육을 경시하는 경향이 계속되어, 교육비를 경제개발에 돌리거나 교원을 경제관계 업무로 전직시키는 등 중앙위원회의 방침이 그대로 실행되지는 않았다. 이 때문에 교육개혁을 진행하는 데에는 단순히 교육부의 역량만으로는 무리이고 종합적 관리가 필요하다고 판단했다. 따라서 정부에서는 부총리를 주임으로 한 국가교육위원회를 설치하여 대응책을 강구하는 동시에 교육활동을 중시하자는 캠페인을 시작했다. 9월 10일을 '교사의 날'로 정한 것도 그 일환이다.

의무교육 실시 1986년 4월에 성립된 의무교육법에는 "국가와 사회 · 학교 · 가정은 법에 따라 학령아동과 청소년이 의무교육을 받을 권리를 보장한다"고 규정되어, 소학교('초등학교'라고 번역해야 하나, 기술상 혼돈의 우려가 있으므로 여기서는 '소학교'라는 중국 명칭을 그대로 사용한다—역주)와 중학의 9년을 의무교육으로 했다. 이와 동시에 정부재원의 부족으로 인한 교육비의 부족분을 보충하는 수단으로 지방자치단체의 교육세 징수를 인정했다. 이에 따라 소학교 입학률은 1987년 이후 97퍼센트대까지 올랐으나, 중학 진학률은 1987년에 69.1퍼센트, 92년에는 79.7퍼센트로, 정착됐다고 보기에는 아직 멀다.

의무교육 보급상의 문제점은 ① 시장경제의 발전에 따라 기업이 아동노동자를 대량으로 고용하기 시작하면서, 농촌에서도 부모가 목전의 이익 때문에 아이를 퇴학시킨 후 일을 시키거나 ② 정신노동보다 육체노동의 수입이 많기 때문에, 사회 전반에 '독서무용론'이 확대되고 ③ 교사의 대우와 사회적 지위가 낮아 필요한 교사진을 확보할 수 없는 것 등이다. 특히 ① ②가 심각하여, 입학을 해도 중도에 퇴학하는 경우가 1980~1987년 동안 소 · 중학교에서 3천만 명에 달했다고 한다.

직업기술 교육의 발전 경제개발과 아울러 중등전문학교, 기능노동학교, 직업학교 등 고등학교 수준의 직업기술 교육을 충실히 했다. 문혁이 발발하기 전인 1965년에는 고교생 280만 명 중 50.8퍼센트가 직업고교생이고 나머지 49.2퍼센트가 보통고교생이었는데, 문혁 기간 중 보통고교만 발전시킨 결과 1976년의 직업고교생은 겨우 5.8퍼센트였으며, 1980년에는 21퍼센트가 되었다.

체제개혁하에서는 ① 보통고교를 직업고교로 바꾸고 ② 기업·사업체에서 직업고교 경영을 장려하며 ③ 기존 직업고교의 잠재력을 발휘하도록 한다는 등의 조치가 취해졌다. 따라서 1990년의 직업기술 교육은 1만 7천 개교, 학생수 653만 명(전체 고교생의 48퍼센트)이 되었다. 1980년에 비하여 각기 75.5퍼센트, 172.4퍼센트 증가했다.

또 ②에 따라 사립고교의 설립이 연해도시를 중심으로 두드러졌다. 광저우(廣州) 지역에서 가장 큰 화남(華南) 이공대학훈련센터(1985년 설립)의 경우, 시장수요에 맞추어 TV, 냉장고, 컴퓨터, 오토바이 수리 등의 기술훈련반을 만들어, 연간 5천 명의 졸업생을 배출한다. 예비학교 성격의 사립고교와 대학도 있다.

대학의 자주성 확대 중국의 대학은 이제까지 모두 국립으로, 수업료는 무료였고, 학생이면 의료혜택도 받았다. 그 대신 졸업 후의 취직은 국가가 분배해주는 대로 따라야 했다. 자주권이 확대되면서 1985년부터는 자비생(自費生)을 모집하기 시작했다. 수업료를 내고, 졸업 후의 취직도 자기(혹은 기업) 책임으로 하는 이들 자비생을 당초에는 3퍼센트 이하로 억제했었으나, 1992년 9월의 신학기부터는 15퍼센트로 대폭 증가시켰다. 앞으로는 모든 학생에게 학비납입과 직업의 자유선택을 실시할 것이다.

교육 현황

교육 현황 및 이제부터의 방향은 각종 체제개혁 속에서 흔들려왔다. 여기서 총괄해보면 건국 후의 시행착오도 문혁과 함께 종료되고, 1980년대부터 간신히 근대화에 걸맞는 인재육성이 본격화되었다. 1993년의 데이터(「인민일보」 해외판 1994년 3월 2일)를 보면, 소학교 입학률이 97.7퍼센트이고 학생수는 총 1억 2,400만 명이고, 소학교 졸업생의 81.8퍼센트가 중학에 진학하며, 중학생 총수는 4,082만 명이다. 고교 재학생은 1,419만 명

중국의 소학교 학생들

인데, 그 중 46.3퍼센트가 보통고교를 다니며, 53.7퍼센트가 직업기술 교육을 받고 있다. 대학은 본과와 전문학과를 합쳐 92만 4천 명(전년 대비 22.5퍼센트 증가)을 모집하여, 재학생수는 253만 600명이다. 대학원은 4만 2천 명을 모집하였고, 현재 적을 두고 있는 사람은 10만 7천 명이다. 학위제도는 1980년에 신설되어 1989년 말까지 4,800명의 박사, 15만 명 가까운 석사를 배출해냈다.

주로 직장인과 노동자를 대상으로 한 성인교육은 TV대학 · 통신대학 · 야간대학 등 다양하다. 본과 · 전문학과를 합하여 86만 3천 명 모집(전년 대비 45.8퍼센트 증가)에, 재학생 총수는 186만 3천 명으로 26퍼센트 증가했다. 문혁 기간 중 억압당했던 세대의 학습의욕과 당국의 수준 상승 방침이 조화되어 크게 발전했다.

해외유학은 1978년부터 시작되었다. 1990년까지 8만 명이 유학을 떠났고, 그 중 3만 명이 귀국했는데, 1989년 6월 티엔안먼(天安門) 사건의 영향이 있어 귀국을 꺼리는 분위기가 강해졌다. 이 때문에 정부는 귀국해서 여러 가지로 국가건설의 새로운 역군이 될 것을 호소하고 있다.

변화하는 사회보장제도

중국의 사회보장제도는 최근에 와서 크게 변했다. 종래에는 계획경제 아래에서 국가가 각종 보험비용을 지불하거나 실업구제를 떠맡아 왔지만, 시장경제가 도입되면서는 국가·기업·종업원의 삼자가 이를 분담했다. 따라서 종업원은 급여에서 실업구제·의료·양로연금 등의 보험료를 공제하고, 국가가 그 운용을 담당하게 되었다.

실업구제에 대해 말하자면, 종업원은 이것저것 해서 급여의 0.6퍼센트 내지 1퍼센트를 지출, 실업자 구제를 위한 공동기금을 채운다. 국가는 이 기금에서 구제금을 지급(1993년의 경우 대상은 90만 명)하는 외에, 전국 2,200개의 연수센터에서 실업자 연수를 행하고, 9,700개의 직업소개소를 통해 재취업을 알선한다. 구제금에 해당하는 기금은 현재 매년 9억 위엔에 이른다.

의료보험은 이제까지 도시의 경우 대부분 근무처에서 부담해왔지만, 이 방면에서도 이용자 부담이 늘어나 도시근로자가 급여의 5퍼센트에서 20퍼센트까지를 부담하게 되었다. 임금제도의 개혁과 임금의 증가에 따라 개인부담률은 여전히 증가될 전망이다.

의료위생시설은 정부 위생부의 관할하에 6만 1천 개의 병원, 14만 개의 외래진료소 등이 운영되어 왔다. 병상수는 304만 개, 의료종사자는 의사 107만 명, 한방의 36만 명, 간호사 104만 명으로, 모두 514만 명(숫자는 모두 1992년 기준)에 이르고 있다. 병원수는 최근 수년 동안 다소 감소되는 경향이지만, 의사수에서 특히 서양의의 숫자가 급격히 증가하였고 병상수도 착실히 증가하는 추세다. 상하이, 티엔진, 베이징에는 암환자를 치료하는 소규모 병원(hospice)도 출현하여 말기환자를 돌보고 있다.

직장인들에게 퇴직금은 없지만, 근속연수에 기초하여 퇴직시 급여의 60 내지 90퍼센트의 연금을 지급한다(농촌의 정년제나 연금제는 극소수). 정년퇴직 후에는 가족과 함께 살며 손자를 돌보거나 취미활동 혹은 자원봉사 등을 하는 사람이 많다. 최근에는 자식과 별거하여 노인복지원이나 양로원, 노인의 집 등에서 노후를 보내는 사람도 늘어나고 있다. 친척이 없는 노인은 '우빠오후(五保戶)'로서 의 · 식 · 주 · 의료 · 장례의 다섯 가지를 지방자치단체에 의존한다.

고령화 사회의 도래는 중국에서도 심각한 문제로 받아들여진다. 60세 이상의 인구는 8.3퍼센트로, 금세기 말에는 13억 인구의 10.2퍼센트가 될 것으로 추정된다. 그러나 한 자녀 정책에 따라 도시에서는 4-2-1 증후군(한 자녀에 부모 두 사람, 조부모는 네 명)이 늘어가고 있다. 양로원 이용자가 늘어나는 것도 그러한 이유인데, 이외에도 딸이 시집간 곳으로 옮겨가거나 양로보험에 가입하는 경우는 도시와 농촌을 불문하고 증가하고 있다.

5,164만 명으로 추정되는 장애자(지체 부자유자, 맹인, 정신박약아)는 전체 인구의 4.9퍼센트다. 장애자를 위한 복리공장(福利工場)은 전국에 4만 1천 개가 있으며, 65만 명이 거기에서 일하고 있다. 이외에 보통의 기업에서 일하는 장애자, 안마시술소를 개설한 시각장애자도 있다.

사망원인과 그 비율

도시		농촌	
사망원인	퍼센트	사망원인	퍼센트
1. 악성 종양	21.66	1. 호흡기병	26.57
2. 뇌혈관병	21.13	2. 뇌혈관병	16.38
3. 호흡기병	16.84	3. 악성 종양	16.19
4. 심장병	14.65	4. 외상과 중독	10.88
5. 외상과 중독	6.95	5. 심장병	10.21
6. 소화기병	3.84	6. 소화기병	4.82
7. 내분비대사	1.98	7. 신생아병	1.84
8. 비뇨기병	1.55	8. 폐결핵	1.82
9. 신생아병	1.16	9. 전염병	1.44
10. 정신병	1.14	10. 비뇨기병	1.28
통계	90.90	계	91.43

자료 : 『중국통계연감』 1993년판

24 표현의 자유를 목표로

문예 · 보도

정치 우선주의

중국 헌법은 35조에서 언론 · 출판 · 집회 · 결사 · 행진 · 시위의 자유를 인정하고 있다. 그러나 건국 후 반세기 가량의 문학 · 예술과 보도계 상황을 볼 때, 표현의 자유는 각종 위기에 처해왔고, 그 담당자인 지식인 중에는 정치적 박해에서 고통받는 사람이 많았다.

문예계에 대한 건국 후의 정치적 압력은 영화 「우쉰전(武訓傳)」 비판에서 시작하여, 『훙루멍(紅樓夢)』 연구 비판, 후펑(胡風)비판으로 이어졌다. 1956년의 밍팡(鳴放 : 백화제방, 백가쟁명) 운동은 언론의 자유를 보장하는 것이라 볼 수도 있다. 그러나 사상적 혼란을 넘어 공산당 비판으로까지 확대되자 당 중앙은 "적극적 비판도 필요하지만, 올바른 재비판도 필요하다"는 명분하에 반격을 가하여, 1930년대부터 활약해온 띵링(丁玲), 아이칭(艾青), 그리고 젊은 시절의 왕멍(王蒙), 류빈옌(劉賓雁) 등의 작가를 우파분자로 실각시켰다.

비판의 기준이 되었던 것은 마오쩌뚱(毛澤東)이 1942년 옌안(延安)에서 발표한 「문예강화(文藝講話)」였다. 당시는 항일전쟁 중이었기 때문에, 문예가 혁명사업 전체에 봉사해야 할 뿐 아니라, 문예비평에서는 정치적 기준을 우선으로 하고 예술적 기준을 다음으로 할 것이 요구되었는데, 그것이 건국 후에도 문예정책의 기준이 된 것이다.

따라서 한편에서는 「문예강화」의 정신에 부응해 데뷔한 자오수리(趙樹理)의 『샤오얼헤이의 결혼(小二黑的結婚)』(해방구의 청년이 당의 지원을 얻어 미신과 구습을 타파하고 결혼을 쟁취한다는 내용), 『이가장의 변천(李家莊的變遷)』(한 농촌의 항일, 반지주의 역사를 묘사) 등의 소설이 높이 평가되고, 가극 「백모녀(白毛女)」(지주에게 박해받던 빈농의 딸이 해방군에 의해 구제되는 내용)가 호평을 받았다.

정치 우선주의는 보도계에서도 철저히 관철되었다. 1949년 10월 건국 후에 신문은 모두 당·정부·군, 그에 준하는 모든 단체의 기관지가 되었으며, 민영은 인정되지 않았기 때문에 모두 당과 국가의 방침과 정책을 관철시키고 당 중앙과 일치되는 입장을 취할 것이 요구되었다. 각급 당 위원회는 매일 '교정쇄(校正刷)'를 대충 훑어보아 공표하는 것이 좋지 않다고 판단되면 기사화하지 못하도록 하고, 그것을 '참고소식(參考消息 : 간부만 읽을 수 있는 내부자료)'으로 돌렸다.

문혁이 시작되자 지식인은 '처우라오지우(臭老九 : 아홉번째의 냄새나는 놈)'로 분류되어, 모두 비판받거나 린치를 당했고 수용소에 보내지기도 했다. 문화관료 저우양(周揚), 샤이엔(夏衍)은 실각되었고, 작가 라오서(老舍)와 역사학자 우한(吳晗), 그리고 한때 상당히 높은 평가를 받았던 자오수리(趙樹理)마저 문혁중에 비참한 최후를 맞았다. 당시에 호평받았던 것은 마오쩌뚱의 부인인 쟝칭(江青)이 지도한 다섯 편의 현대경극과 「백모녀」 등 두 편의 혁명발레, 그리고 한 편의 교향곡뿐이었다.

신문·잡지의 종수와 부수도 격감하였으며, 그나마 남은 「인민일보」 「광명일보」 등은 문혁파의 지배 아래 놓였다. 제자(題字) 옆에는 반드시 마오쩌뚱 어록이 게재되었는데, 마오쩌뚱의 말을 인용할 때는 그 어구나 문장을 모두 굵은 고딕체로 인쇄했다. 표현의 자유는 생각조차 할 수 없었다.

문혁이 끝나고

문혁이 끝나자 문예·보도는 숨을 돌리게 되었다. 1977년부터 일련의 '상흔문학'이 발표되기 시작하였다. 명칭의 기원이 되었던 루신화(盧新華)의 『상흔(傷痕)』은 어머니를 버리고 농촌에 들어간 딸이 9년 후에 명예회복된 어머니를 만나기 위해 상하이로 돌아가지만, 끝내 임종을 보지 못하고 만다는 가정비극을 그려 화제가 되었다. 이밖에 류신우(劉心武)의 『담임선생님(班主任)』(문혁중에 상처받은 중학생과 교사의 이야기), 따이칭(戴晴)의 『갈망(渴望)』(별거생활을 강요당한 부부의 고뇌) 등 휴머니즘적인 문혁비판 작품이 나왔다.

사상해방의 붐을 타고 간부의 특권을 비판한 류빈이엔(劉賓雁)의 『인간과 요괴 사이(人妖之間)』, 예원푸(葉文福)의 장시(長詩) 『장군이여, 이러시면 안 됩니다(將軍, 不能這樣做)』, 위루어친(遇羅錦)의 『어느 겨울의 동화(一個冬天的童話)』 같은 애정물 등 내용이 다양해졌다. 중년의 수학자를 묘사한 『골드바하의 추측(哥德巴赫猜想)』, 여자 발레팀의 고투와 영광을 테마로 한 『중국의 딸들』, 양모(楊沫)의 『동방이 밝아오고 있다(東方欲曉)』 같은 르포문학도 각광을 받았다. 정치민주화를 희구하는 벽신문, 지하출판물이 나온 것도 그러한 조류를 반영한 것이다.

한편 문혁중 '독초'로 비판받은 빠진(巴金)의 『집(家)』, 양모(楊沫)의 『청춘의 노래(青春之歌)』 등의 작품이 복간되었고, 띵링(丁玲), 어우양산(歐陽山) 등 다수의 작가가 다시 활동했다. 「인민일보」는 1979년에 만화지 『풍자와 유모어』를 발행, 자오딴(趙丹 : 유명한 영화배우)의 유서(구체적 창작활동에 대한 당의 지도를 비판하는 내용)를 게재했다. 빠진(巴金)의 『수상록(隨想錄)』은 문혁에 대한 비판과 동시에 문혁의 발발을 묵인해버리고 만 지식인의 책임문제를 제기하였다.

1980년대에도 한편에서는 뛰어난 문예작품이 발표되었다. 제1회 마오뚠(茅盾) 문학상을 수상한 야오쉬에인(姚雪垠)의 『리쯔청(李自成)』, 꾸화(古華)의 『부용진(芙蓉鎭)』, 따이허우잉(戴厚英)의 『시인의 죽음(詩人之死)』(문혁중 지식인의 고뇌를 묘사), 『사람아 아, 사람아!(人啊, 人!)』(깊이 있는 체험을 통해 인간의 존엄성을 호소), 장지에(張潔)의 『무거운 날개(沈重的翅膀)』(근대화를 둘러싼 인간의 갈등) 등 제재의 범위가 넓어지면서, 인물의 형상과 구성이 다양해졌다.

규제와 저항

이와 동시에 1981년 4월의 『고련(苦戀)』 비판으로부터 규제가 강화되었다. 『고련』은 문혁 기간중 한 예술가에 가해진 박해를 묘사한 바이화(白樺)의 영화 시나리오이다. 1979년 가을에 발표된 이 작품은 사회주의 체제 속에서 '인간의 존엄이란 무엇인가' 라는 문제를 제기했다고 평가받았는데, 해방군 내에서 '사회주의와 마오쩌뚱을 부정한다' 는 비판이 나오자, 당 중앙도 이대로 두어서는 안 되겠다 싶어 바이화(白樺)에게 자기 비판을 강요했다.

1983년 가을, 「인민일보」가 정신오염 추방을 호소하는 가운데 문예계 중진 저우양(周揚)과 인민일보사 사장 후지웨이(胡績偉)가 그릇된 소외론을 전개했다는 이유로 자기 비판을 했고, 같은 신문사의 편집 부책임자 왕루어수이(王若水)가 해임되었다. '인민이 키워낸 지도자가 신(神)이나 태양처럼 군림한다' 고 하여, 개인숭배와 관료주의를 비판하는 과정에서 체제측에 대한 도전도 받아들여졌다.

그 이후로도 1986년 말까지 자유화 캠페인의 선두에 선 팡리즈(方勵之 : 중국과학기술대학 부학장), 류빈이엔(劉賓雁), 왕루어왕(王若望)이 공산당에서 제명당했고, 1987년 5월에는 「문예강화」의 정당성이 강조되었다. 1988년에 방영된 「하상(河殤)」(황허문명을 비판하고 서구형 공업문명을 제창)도 서구추종형이라 하여 비판받았다. 1989년 6월 티엔안먼(天安門) 사건을 계기로 문예가 통제되자, 다수의 지식인들은 작품을 발표하지 않고 침묵으로 저항했다.

표현의 자유와 정치 우선주의간의 싸움은 보도계에서도 마찬가지였다. 『고련』 비판 이후 규제가 엄격해졌다가 1984년에는 호전되었고, 1986년 말부터 1989년 봄까지는 상황이 변하여 보도의 자유가 제창되었지만, 같은 해 5월 20일 계엄령이 발포되면서 각 보도사는 군의 통제 아래 놓였다. 티엔안먼(天安門) 사건 때에는 "여론을 호도한다"는 비난을 받고 정지, 폐간되기도 하였다. 인사이동에 정치사상 교육이 더해져, 그 이후로는 민주화 운동 진압을 정당화하는 데 동원되었다.

이러한 경향은 1990년대 들어서도 기본적으로는 변하지 않았다. 「문예강화」 발표 50주년이 되는 1992년에는 각종 좌담회가 개최되어, 기본적 관점의 정당성과 현실적 의의가 강조되기도 하였다. 다만 문혁 당시의 살벌한 분위기로 돌아갔던 것은 아니고, 당 수뇌를 자극하지 않는 범위에서 많은 작품이 발표되었다. 계간 문학잡지 『중국작가』에 빠진(巴金), 샤이엔(夏衍), 왕멍(王蒙) 등 저명작가들은 "일부 인사들은 자기들의 기분에 맞지 않는 작품에는 걸핏하면 '부르주아 자유화'라느니 '화평연변(和平演變 : 평화로운 방식에 의해 사회주의 체제를 전복함)'이라느니 하는 레테르를 붙이곤 한다"는 견해를 싣기도 했다.

보도의 다양화

1980년대 후반부터는 표현의 자유와 함께 대중매체의 발달도 커다란 테마였다. 개혁·개방에 따라 사회의 정보화가 진행되면서, 정보의 다양화와 대중화에 대한 요구가 높아졌다. 이에 따라 경제정보, 기술정보, 오락정보에 중점을 둔 종합지, 전문지, 석간지가 점차 생겨났으며, TV의 비중이 커졌다.

중국의 신문은 건국 직후인 1952년에는 290종이 있었으나, 문혁중인 1970년에는 42종으로까지 감소되었다가, 80년대에 와서 복원되어 1984년에는 458종, 1985년에는 698종으로 급증하였고, 1992년에는 857종이 되었다. 비교적 잘 알려진 것은 「인민일보」지만, 이는 '당과 정부의 방침을 이해하기 위해' 읽는 것이다. 일반인의 경우 노동자라면 「공인일보(工人日報)」를, 학생이라면 「중국청년보」를 같이 읽는 경우가 많다. 발행부수는 신화사(新華社)의 「참고소식」(타블로이드판의 간부용 정보지, 334만 부)이 제일 많고, 라디오·TV채널 전문지인 「중국전시보(中國電視報)」가 150만 부, 「상해매주광파전시(上海每週廣播電視)」가 250만 부로 인기 있는 편이다.

1990년대에 들어와서 생겨난 또 하나의 특색은 「인민일보」가

현재 발행되고 있는 각종 신문들

부간「대지(大地)」를 발간하는 등, 기존의 신문이 발행허가가 쉬운 일요판과 부간을 발행한 점이다. 이는 정치선전이 적은 지면을 만들고 판매부수 확대를 목표로 경쟁을 시작한 것으로, 번화가와 역 주변의 신문·잡지 스탠드에 사람들이 매우 붐비고 있다(일반지는 우송이 원칙).

라디오의 경우 건국 당시에는 수신기가 약 100만 대였으나, 85년에는 2억 4천만 대까지 늘어났다. 오히려 중국적인 것은 농촌을 대상으로 한 유선방송망으로, 가장 충실했던 1977년에는 전국 2천여 개의 방송국에서 전용선을 통해 각 인민공사에 흘러갔는데, 말단 스피커는 1억 1천만 개에 달했다. 중국 사회과학원 등이 1983년에 실시한 조사에서도 뉴스를 최초로 접하는 수단으로 라디오가 첫째로 꼽혔다. 그러나 TV의 보급과 동시에 라디오는 멀리하게 되었다.

TV방송은 1958년부터 시작되어 근대화가 시작된 1978년에는 수상기가 304만 대였으나, 80년대 후반에 들어오면서 빠르게 보급되었고, 위성발사와 마이크로 회선망의 정비 등 방송기술의 발전이 더해져 본격적인 TV시대를 맞게 되었다. 1992년에는 수상기가 2억 2,778만 대로, 도시에서는 거의 각 가정마다 보급되었고, 컬러화가 진행되었다.

TV가 보급되면서 정부의 중요한 발표는 저녁 7시의 전국 TV뉴스를 통해 방영되는 것이 관례가 되었으며, TV는 권위 있는 정보미디어로서의 지위를 확립하게 되었다. TV방송국은 중앙과 지방을 합하여 683국이 있다. 신문이나 TV에 기업광고와 예능이나 스포츠 관련 기사가 늘어나는 것이 최근의 변화이다.

25 여가를 즐긴다

스포츠 · 오락

저변의 확대

여가랄까 자유시간을 즐기는 수단으로 스포츠와 오락을 함께 소개하고자 한다. 먼저 스포츠부터.

중국을 방문하면 아침 일찍 광장이나 공원에서 태극권(太極拳), 목란권(木蘭拳), 검술, 봉술 등을 하고 있는 사람들을 보게 된다. 이 무술들은 모두 격투기(格鬪技)로, 그 기원이 수천 년 전까지 거슬러 올라가는 중국의 국기(國技)지만, 지금은 오직 심신단련과 수양이 목적이다. 200가지도 넘는 종목과 유파 중에서 태극권, 남권(南拳), 장권(長拳) 등 다섯 가지가 국제경기대회에서 공식 종목이 되어 있다. 전통 스포츠로는 이외에도 용선(龍船) 경주, 레슬링 등이 있다.

이른바 스포츠라면 모두 외국에서 들어왔다. 1949년 이전까지는 국제경기에서 한 개의 금메달도 따지 못했기 때문에, 그런 의미에서는 스포츠 후진국이었다고 할 수 있다. 1949년 건국과 동시에 체육협회에 해당하는 중화전국체육총회가 발족하였다. 1952년 마오쩌뚱이 "체육을 발전시켜, 인민의 체력을 향상시키자"고 호소하면서 정부에는 국가체육운동위원회가, 성 · 현급에는 하부 기구가 설치되어 스포츠의 보급과 조직화에 적극적으로 나서게 되었다.

학교교육에서는 소학교 1학년에서 대학 2학년까지 주당 두 시간씩 체육수업이 있으며, 서클활동으로도 스포츠를 한다. 달리기, 멀리 뛰기, 수영 등 여러 가지 경기에 연령별 표준을 정하여 누구나 표준을 넘도록 지도하는데, 그 중 뛰어난 학생들은 1급에서 3급까지의 '윈똥위엔(運動員)'으로 인정해주며, 월등히 뛰어난 학생에 대해서는 '윈똥지엔쟝(運動健將)'이라는 칭호를 준다. 이외에 '예위티위쉬에샤오(業餘體育學校. 業餘는 아마추어의 뜻)'가 전국에 5천 개 가까이 있어, 장래성 있는 어린 선수는 방과 후 이곳에서 특별 훈련을 받는다.

얼마 전의 의식조사에 따르면 중국의 소학교 학생이 좋아하는 놀이는 저학년의 경우 줄넘기 · 고무줄 놀이 · 장기 · 배드민턴 · 수영, 고학년의 경우는 탁구 · 배드민턴 · 고무줄 놀이 · 등산의 순이었다. 중학생은 탁구 · 장기 · 배구 · 농구, 고교생의 경우는 농구 · 탁구 · 장기 · 수영 · 등산의 순이었다. 이런 것들은 대중적인 스포츠라 할 수 있다. 야구나 테니스 인구는 적다. 축구는 최근에 매우 인기가 있다.

일반시민들 사이에서도 스포츠는 성행하여, 약 3억 명이 여러 가지 스포츠 활동에 참가한다. '전국운동회' 외에도 전군, 대학생, 중·고생, 소수 민족, 신체장애자 등의 전국 규모 대회가 있어 지방마다 교류가 활발하다. 1956년에 시작하여 지금도 연중행사가 되고 있는 '춘지에(春節)'의 고궁 일주 마라톤도 매우 활발하다.

세계 정상을 향해

중국의 스포츠 정책은 전 국민의 건강 향상, 올림픽이 최고 목표인 경기스포츠, 국방과 노동을 조화시키는 국방체육, 이 세 가지 요소의 균형 있는 발전과 진흥을 기본으로 하지만, 현실적으로는 경기수준의 향상과 메달 획득에 주력한다. '여가를 즐긴다'는 것과는 다르지만, 개략적인 내용을 살펴본다.

건국 후에 먼저 유행했던 것은 탁구, 배드민턴, 사격, 양궁 등으로, 이들 종목은 1960년대에 일찌감치 국제적 수준에 도달했다. 다음으로 축구, 농구, 배구 등 대형 구기종목도 수준이 향상되었으나, 문혁 때문에 중단되었다. 그러나 그 당시에는 극단적인 평균주의에서 '우호제일, 승부제이(友好第一, 勝負第二)'라는 슬로건을 내걸고 경기성적에만 집착하지는 않았다. 미·중 접근을 준비하던 1971년 봄의 핑퐁외교 등 국제교류는 잘 알려져 있다.

문혁 후 1978년 1월에 개최된 전국체육공작자회의에서는 "2000년에는 세계 최고봉에 도달하자"고 결의했고, 여자 배구팀이 1981년 월드컵에서 우승하자 "중국 체육사상 새로운 한 페이지를 더했다"고 평가하면서 축하행진까지 벌였다. 아시안

게임에는 1974년 7회 대회부터 참가했는데, 당시에는 금메달 33개로 3위에 그쳤지만, 1982년 뉴델리 대회에서는 61개의 금메달을 획득하여 1위로 도약하였다.

올림픽에는 1984년 로스앤젤레스 올림픽부터 참가했는데, 1992년 바르셀로나 올림픽에서는 금 16, 은 22, 동 16개의 메달을 획득하여, 세계 4위를 차지했다. 국내에서는 1990년에 제11회 아시안 게임(베이징)을, 1993년에는 제1회 동아시아 경기대회를 개최하여, 그 실적을 토대로 2000년의 베이징 올림픽 개최까지 성사시키려 했으나, 43 대 45로 시드니에 아깝게 지고 말았다.

국가통계국이 발표한 1993년도 통계공보에 따르면, 중국 선수는 1993년 중에 18개 종목에 걸쳐 103명의 선수로 세계 1위를 기록했고, 38명 7개 팀이 124회 출전해서 57개의 세계 기록을 수립했으며, 81명 3개 팀이 242회 출전해서 81개의 아시아 기록을 세웠다. 이 중에는 같은 해 9월의 전국운동회에 출전해서 1,500미터에서 1만 미터까지 세 종목에서 10차례나 종래의 세계 기록을 돌파한 왕쥔샤(王軍霞) 등 다섯 명의 여자 선수도 포함되어 있다.

중국의 스포츠가 이렇게까지 발전해온 비결은 과학적 트레이닝이 뒷받침된 맹훈련, 강렬한 민족주의, 한방(漢方)의 위력 등에 있다. 그 외에 메달을 딴 선수에 대한 금전적 장려도 빼놓을 수 없다.

흥망성쇠를 거듭하는 영화

중국 영화가 처음으로 상영된 것은 아시아에서 가장 이른 1896년이었다. 1905년부터 자체 제작에 들어갔는데, 맹아기(1905~1931년), 활약기(1931~1937년), 분할기(1937~1948년)를 거쳐 발전기(1949~1965년)를 맞았으며, 그 후 빙하기(1966~1976년)와 부흥기(1977년 이후)를 체험했다(石子順, 『중국 영화의 산책』 참조). 빙하기가 정치적 제약이 엄격했던 문혁 시기였던 것은 말할 필요도 없다. 정치나 혁명을 테마로 해야 한다고 생각되던 시대였다.

사인방이 실각한 후 서서히 변화를 보이다가, 1977년 여름 마오쩌뚱의 '마오'자도 나오지 않는 「추적」, 마작과 댄스 장면이 나오는 「영원히 꺼지지 않는 전파」 등의 영화가 나왔고, 1978년에는 일본 영화 「산다칸 8번 창관(娼館) 망향」 「그대여 분노의 강을 건너게」 등도 상영되었다. 이 무렵부터 TV가 보급되기까지를 영화의 전성기라 해도 좋을 것이다. 1981년의 영화 관객 동원수를 보면, 영화관이 100억 명, 연극을 공연하는 극장이나 지방의 공민관, 혹은 학교에서 상영된 것을 포함하면 287억 명이 되었다. 1인당 해마다 30회 이상 영화를 보았다는 잠정 집계가 나왔다.

TV · 비디오의 보급과 가라오케 및 댄스홀이 등장하면서 오락이 다양해지자 관객수가 감소하여, 1992년에는 30억 명 수준으로 떨어졌다. 12억에 가까운 중국인이 연 3회밖에 영화를 보지 않았다는 말이 된다. 『중국통계연감』에서 영화상영 단위(영화관, 극장수)를 보면, 1980년에 12만 5천 개소에서 1985년에는 18만 3천 개소가 되어 최고를 기록했고, 그 이후에는 감소하여

1992년에는 13만 4천 개소가 되었다.

이 때문에 정부는 그때까지의 영화에 대한 일괄매입과 독점 배급을 중단하고 1993년부터는 베이징, 창춘(長春), 시안(西安) 등 각 영화제작소에 배급권한을 양도하여, 각자 자기 영화관에 작품을 판매하는 제도를 취했다. 1993년의 프린트 제작은 극영화 154편을 포함하여 376편인데, 그 중 오락성 강한 것이 70퍼센트 이상이다.

영화잡지 『당대전영(當代電影)』의 관객조사에 따르면, 주로 인기 있는 영화는 도시의 경우 템포가 빠르고 실생활에 가까운 영화이고, 농촌이라면 지방색 풍부한 일상생활을 다룬 코미디이다. 지식인은 예술적 영화, 일반인은 쿵푸 영화나 액션 영화 등으로 다원화할 만큼 영화제작은 대단한데, 최근에는 「황색의 대지」「부용진(芙蓉鎭)」「붉은 수수밭」「루취엔춘(乳泉村)의 아이」「푸른 연」 등이 국제적으로 높은 평가를 받았다.

오락의 다양화

몰락하는 것은 영화뿐만이 아니다. 왕년의 명배우 메이란팡(梅蘭芳)의 명성과 함께 알려진 경극(京劇)과 여극(呂劇)·앙가(秧歌)·곤곡(崑曲) 등의 지방극, 혹은 잡기(雜技 : 곡예), 상성(相聲 : 만담) 등의 전통예술은 모두 쇠락하여, '황혼의 예술'이라는 비아냥거림을 들어야 했다. "모처럼 베이징을 방문했는데, 베이징 오페라(京劇)를 찾아볼 수 없다"는 외국인의 불만을 해소시키기 위해, 베이징 경극원은 1991년 치엔먼(前門) 호텔에 관광객용 경극센터를 개설했다.

그 대신 등장한 것은 음향·영상 붐이다. 컬러TV와 비디오, 고급 스테레오 구입이 증가하였고, 도시 젊은이들의 가라오케와 디스코테크 출입이 증가하였다. 중고생에게는 홍콩, 타이완에서 제작한 TV드라마와 유행가가 인기이고, 공연 때마다 빠지지 않고 들으러 오는 '줴이싱쭈(追星族 : 오빠부대, groupie)'도 많다.

「인민일보」에 "카세트테이프와 스타실(star seal : 스타의 얼굴이 있는 장식우표), 브로마이드(bromide : 실물크기의 스타사진)에 돈을 투자하고, 수업중에 헤드폰 스테레오를 들으며, 집에서는 CD를 걸고, 밤에는 위성중계를 통해 홍콩 스타TV의 뮤직 프로그램에 열중하는 동급생들이 있다"고 걱정하는 여학생의 투서가 실린 적이 있다.

일상에서 흔히 볼 수 있는 동물이라면, 이제까지는 봄하늘을 나는 비둘기, 여름의 금붕어, 가을의 귀뚜라미, 노인들의 산책에 빠지지 않는 새장 속의 작은 새를 연상했겠지만, 여기에 개와 고양이가 추가된다. 도시에서는 개나 고양이의 사육이 위생상 원칙적으로는 금지되어 있지만, 지금은 엉성한 법률이 되어 버렸다. 포인터, 치와와, 포메라니안 등이 수입되어 고급 견공(犬公)들이 눈에 띈다. 이러한 상황에는 ① 애완동물을 높은 사회적 신분의 상징(status symbol)으로 생각하고 ② 애완동물을 상대로 스트레스를 해소하며 ③ 외아들이나 외동딸이 데리고 놀 상대로 삼는 등의 이유가 있다.

스포츠에 대해서는 앞에서 기술했지만, 지금까지는 부르주아적으로 간주되어 왔던 골프와 경마까지 시작되어, 1993년에는 마권(馬券)을 판매하기도 했다. '두뇌운동'이라면 문혁중에도 인정되었던 트럼프 외에 전통적인 바둑, 장기뿐만 아니라 마작도 부활하여 한창 인기 있었다. 이중 마작이나 트럼프는 불법적으로 돈을 걸고 하는 경우도 있다.

여행객이 증가함에 따라 각지의 촌·읍 단위에서는 관광사업(하얼빈의 얼음축제, 하이난따오의 야자축제 등)이 증가하고, 오락·관광시설이 정비되고 있다. 국제수렵장, 군사스포츠 유원지, 중국판 디즈니랜드도 눈에 띈다.

서로 애완견을 자랑하고 있다

이성(理性)상실에 대한 우려 – 오직(汚職) 범죄

경제성장의 뒤안에는 윤리가 땅에 떨어져, 관리는 자기 배만 채우고, 민간에는 황금에 눈이 어두운 자들의 범죄가 늘고 있다. 리펑(李鵬) 총리는 1994년 3월 전국인민대표대회에서 치안확보를 위한 종합시책으로서 ① 각종 형사범죄 단속 ② 경제사범 엄벌 ③ 사해(四害 : 매춘, 마약 등) 박멸과 포르노 일소 ④ 치안체제 강화를 제기했으나, 실효를 거두기는 어려울 것으로 보인다.

공안부의 발표에 따르면 1992년 중에는 약 360만 건을 수사하여, 그 중 108만 건을 형사사건으로 입건하고, 48만 명을 체포했다. 1993년에는 더욱 증가하여, 150여만 건을 형사사건으로 적발했다. 그러나 살인 등 중대 형사범죄율이 23.4퍼센트로 높아가고 있는 데에서 알 수 있듯이, ① 범죄수단의 흉악화, 폭력화 ② 범죄의 조직화, 지능화 ③ 범죄금액의 거대화가 지적되고 있다.

최근 두드러진 사건을 몇 가지 들자면, 고리(高利)를 미끼로 전국의 10만 명으로부터 10억 위엔을 불법으로 거둬들인 창청기전과기산업(長城機電科技産業) 총수가 처형되고(1994년 4월), 티엔진(天津) 교외의 모델 농촌 지도자가 폭력과 살인을 저질렀으며(1993년 4월), 타이완에서 온 관광객 32명이 유람선과 함께 불타 죽은(1994년 3월) 사건은 모두 해외에까지 널리 보도되었다. 윈난(雲南) 성 쿤밍(昆明)과 산시(陝西) 성 시안(西安)의 호텔에서 일본인 관광객이 살해된 적도 있다.

관리의 수뢰(收賂)와 직권을 남용한 횡포도 두드러져, 1993년에만도 약 3만 건이나 적발되었다. 이런 유의 사건은 어디에서나 볼 수 있지만, 치안유지의 책임을 맡은 경찰관마저 간선도로에 검문소를 설치해 멋대로 통행료를 징수하고, 물건을 강매하는 실정이다. 또 '사회의 목탁'인 기자마저 기업을 선전해주며 월급의 10배나 되는 사례금을 받고 있다.

홍콩지 『90년대』(1993년 2월호)에 따르면, 1992년 7월 이래 9개 성 21개 현에서 100회 이상의 농민항의, 데모, 청원사태가 발생했는데, 관리가 멋대로 부담금을 징수하고, 음식값을 강요하며, 식량을 매입하면서 '바이티아오(白條 : 약속어음)'밖에 발행해주지 않는 등 착취가 지나쳤기 때문이었다. 지방자치단체에 기대하지 않고, 옛부터 전해 내려온 종족(宗族 : 부계혈연으로 맺어진 동족집단)이 결속한 '시에떠우(械鬪 : 흉기를 가지고 행하는 집단투쟁)'도 빈발하고 있다.

이러한 상황을 초래한 커다란 이유는 시장경제에 따른 배금주의의 만연과 이성의 상실이다. 거기에 소득격차의 확대와 유동인구의 증가가 박차를 가한 것이다. 법의 제정, 벌칙의 강화가 과연 대응책이 될 수 있을까.

치안과 관련해서는 민주화 운동을 반혁명 폭란이라 하여 탄압한 1989년 6월의 티엔안먼(天安門) 사건이 기억에 새로운데, 티베트, 칭하이(青海), 신장(新疆) 등의 소수 민족 지구에서는 반정부 운동, 폭동이 일어나기도 했다. 타이완으로의 하이제킹(1993년에만도 9차례)과 일본, 미국으로의 밀항사건도 많이 일어나 범죄의 국제화가 주목된다.

26 사계(四季)의 이동

세시명절

두 차례의 설

중국은 국토가 넓어서 기후풍토도 다양하다. 그런 만큼 세시풍속도 지방에 따라 다르다. 여기에서는 연중행사에 대해서, 수도 베이징에 거주하는 한족(漢族)의 생활을 중심으로, 사계의 이동변화에 따라 소개한다.

'쐉구어신니엔(雙過新年)'이라 하여, 중국에서는 설을 두 차례 맞는다. 양력 1월 1일을 신정(新正)이라 하고, 음력 1월 1일을 춘지에(春節)라 한다. 신정은 1월 1일만이 정부에서 지정한 휴일이다. 그러나 연말의 일요일에 한 차례 출근하고 1월 2일을 휴일로 하여, 이틀간 쉬는 관청이나 공장이 많다. 도시에는 '칭주위엔딴(慶祝元旦)'이라는 장식이 눈에 많이 띈다. 연하장을 보내는 사람들도 요즘 들어 늘어났다.

'춘리엔(春聯)'을 문에 붙이고 춘지에(春節)를 맞이한다

그러나 진짜 설다운 것은 오히려 춘지에(春節)이다. 음력으로 설을 쇠기 때문에 양력으로는 1월 말에서 2월 초경이 되는데, 도시에서는 3일간, 농촌에서는 1~2주일을 쉬며 가족이 모두 한자리에 모인다. 실내를 아름다운 '니엔화(年畵 : 경사스러운 의미를 지니는 형상이나 풍경화의 원색 인쇄)'와 '촹화(窓花 : 창에 잘라 붙이는 종이)'로 장식하고, 입구에는 춘리엔(春聯 : 붉은 종이에 행운을 기원하는 말을 적은 對聯)을 붙인다. '복(福)'이라는 글자를 써서 문에 거꾸로 붙여놓은 것도 눈에 띄는데, 이는 한자의 '도(倒 : 뒤집히다)'와 '도(到 : 도래하다)'가 모두 중국어로는 '따오'로 발음되는 데 착안한 것으로, '복(福)'을 뒤집어 걸어놓는 행위를 통해 실제로는 '복'의 도래(到來)를 염원하는 것이다.

섣달 그믐날에는 가족이 모두 식탁에 모여 앉는다. '투안위엔판(團圓飯)'이라고 하는데, 고기와 생선을 마음껏 먹고 식후에는 과일이나 과자를 집어먹으며 트럼프와 TV를 즐기다가, 자정이 되면 폭죽을 울린다(베이징에서는 1994년부터 폭죽이 금지되어 있다). 설날에는 "춘지에하오(春節好)"라고 인사한다. 북방에서는 '쟈오쯔(餃子 : 물만두)'를, 남방에서는 '니엔까오(年糕 : 설떡)'를 먹는다. 아이들에게는 '니엔위(年玉)'도 있다. 거리는 조용하며, 오가는 이들은 새해를 맞이하는 사람들, 공원과 영화관에 가는 가족들 정도이다.

1월 15일은 위엔샤오지에(元宵節)라 하는데, 도시에서는 '위엔샤오(元宵 : 소가 들어 있는 새알심 모양의 식품)'를 먹는다. 옛날에는 모두 처마 끝에 등불을 매달고, 남녀가 자유로이 나돌아다니면서 시내에서 밝게 빛나는 등불을 보고 돌아왔다. 등불에는 '미위(謎語 : 수수께끼)'를 적어놓고, 행인에게 풀어보도록 하기도 했다. 그러나 지금은 어린아이가 제등에 불을 켜고, 신문에 실린 '미위(謎語)'를 가끔 풀어보는 정도이다.

농촌의 '위엔샤오지에(元宵節)'는 활기차다. 청춘남녀가 용춤

경사스러운 것을 제재로 한 '니엔화'

을 추기도 하고, '까오치아오(高蹺 : 두다리를 각각 긴 나무에 묶고 걸어가면서 공연하는 놀이)'를 하며 행진한다. 춘지에에서 위엔샤오지에에 이르는 기간은 결혼시즌이기도 하다. 농한기여서 춘지에 때에 친척이나 친구들이 모이기 쉽기 때문이다.

이외에도 옛날에는 정월행사로 제재신(祭財神 : 복을 내리는 신에게 드리는 제사), 칠초죽(七草粥), 순성(順星), 신선대회(神仙大會) 등이 있었는데, 지금은 모두 사라지고 없다. '투쑤(屠蘇 : 정월용 약주)'도 보통 '바이지우(白酒 : 고량주)'로 대체되었다.

봄의 풍물시(風物詩)

입춘이 지나면 날씨가 풀린다. 그때 거리에서는 아이들이 연 날리는 모습을 볼 수 있다. 그런 의미에서 연을 재미있게 표현하여 '봄을 맞는 사자(使者)'라 한다. 이때에는 상층의 기류가 일정하고, 바람의 방향이 같아야 연을 날리기가 좋다. 남방은 약간 늦은데, 연의 본고장이라 할 산똥(山東) 성 웨이팡(濰坊) 시에는 4월 초가 제철이다. 이제 봄이구나 생각하노라면 복숭아꽃, 자두꽃, 해당화, 살구꽃이 핀다. 4월 하순이 되면 버들개지가 마치 눈인 양 솜인 양 공중에서 춤을 춘다. 봄의 풍물시에 어울릴 만한 풍경이지만, 그 고장 사람들은 이런 것에는 아랑곳하지 않을 뿐만 아니라 떨어져내리면 청소하기 귀찮다며 그다지 좋아하지 않는다. 바람을 타고 붕붕 떠다니는 그 모양을 바람기에 비유하기도 한다.

3월 3일 물가에서 '계(禊)'를 행하는 풍속은 한대에 시작되었다. 영화(永和) 9년(353년) 진대(晉代)의 서예가 왕희지(王羲之)

는 이날 '곡수(曲水)의 연(宴)'을 열었는데, 모인 사람들은 제각기 시를 지었고, 그 자신도 유명한 『난정집서(蘭亭集序)』를 썼다. 민간에서는 3월 3일을 서왕모(西王母)의 탄생일이라 하는데 천상(天上)의 제신(諸神)이 그녀 아래에 모여 반도회(蟠桃會)를 하는 것이다. 이 반도(蟠桃 : 신선의 복숭아)를 먹으면 늙지도 않고 죽지도 않는다는 말이 전해져 온다. 그러나 서왕모를 제사지내던 베이징의 반도궁(蟠桃宮)도 헐리고 말았다.

봄의 행사로는 청명절(淸明節)이 있다. 춘분(春分)으로부터 15일째 되는 날로, 양력으로는 4월 4일이나 5일쯤 되는데, 주요 행사는 성묘다. 옛날에는 무덤 주위를 정돈하고, 무덤에 흙을 돋워주었다. 또한 제물을 바치고 향불을 피워 묘 앞에 절을 하고, 금종이와 은종이로 만든 마제은(馬蹄銀)을 태웠다. 마지막으로는 무덤 위에 오색 종이로 만든 조화(造花)를 바치고 지전(紙錢)을 태우는 것으로 참배를 마쳤다. 현재 중국에서는 토장(土葬) 대신 화장(火葬)이 보급되어 있기 때문에, 납골당을 깨끗이 치우고 향불을 피워 조상에게 제사한다. 지전을 태우는 습관

중국의 전통 연

은 거의 없다.

해방 후에는 조상에 대한 제사뿐만 아니라 혁명열사를 기리는 행사도 눈에 띄었다. 1976년 4월 4일 청명절에 많은 시민이 티엔안먼(天安門) 광장의 인민기념비에 모여 저우언라이(周恩來) 총리를 추도하였다. 이튿날인 5일에 사인방이 통제를 강행하자 이에 대한 저항이 제1차 티엔안먼(天安門) 사건으로 발전했던 것은 너무도 잘 알려져 있다.

청명절에는 성묘 외에 답청(踏青), 삽류(插柳)라는 관습이 있다. 이는 푸른 풀을 밟으며 교외에서 봄풍경을 즐기거나, 버드나무 가지로 동그란 원을 만들어 머리에 쓰는 것으로, 당대(唐代)에 매우 성행했다. 버들은 만물 중 가장 먼저 싹을 틔운다. 그 강한 생명력에 마술적 효력이 있다고 생각했던 것 같다. 지금은 꽃구경, 산책을 겸해서 교외로 나간다. 이것을 '춘여우(春遊)'라고 한다.

화북(華北)의 늦봄에는 바람이 세다. 태풍 같은 바람이 웅웅 소리를 내며 미친 듯 몰아치면서 황토 고원과 몽골의 사막에서 황사(黃沙)를 운반해 오기 때문에 도시 전체가 '펑사(風沙 : 모래폭풍)'에 휩싸인다. 남자는 모자를 뒤집어쓰고 여자는 목도리로 얼굴을 감싼 채 거리를 다닌다. 그러한 의미에서 봄은 화중(華中)의 강남(江南 : 양자강 이남) 지역이 좋다.

단오절 주변

베이징은 봄·가을이 짧고, 여름과 겨울이 길다. 5월 1일의 노동절(may day)쯤 되면, 경관들은 하복을 착용한다. 거리에는 와이셔츠 차림의 사람들도 눈에 띈다. 홰나무와 가로수에는 하얀 꽃이 피고, 그 아래에 얼음과자를 파는 사람도 나와 있다. 여름이 온 것이다. 북방은 장마도 없다. 사회주의 국가답게 노동절은 휴일로 지정되어 있다. 이곳저곳 공원은 모두 가족들로 둘러싸여 있다. 모란, 작약, 금붕어도 눈에 띈다.

5월 4일은 청년절(靑年節)이다. 1919년 그날 베이징 학생들의 항일 애국운동을 기념하는 것이기 때문에, 중학생 이상의 젊은이들만 반나절을 쉰다. 이와 같이 연령별·직업별 기념일로는 이외에도 3월 8일 여성의 날(婦女節 : 여성에 한해서만 절반 근무), 6월 1일 어린이의 날(소학생만 기념행사를 한다), 7월 1일 공산당 창립기념일, 8월 1일 국군의 날(建軍節), 9월 10일 스승의 날(敎師節)이 있다. 모두 양력으로 지낸다.

음력의 전통행사로는 5월 5일의 단오절(端午節), 6월 6일의 유월초육절(六月初六節 : 음력 6월의 강렬한 태양을 이용하여 의복·침구·서적 등에 햇빛을 쪼임), 7월 7일의 칠석(七夕)이 있다. 단오절은 남방으로 내려갈수록, 그리고 농촌일수록 성황을 이룬다. 집 입구에 쑥을 꽂고, 창포(菖蒲)를 걸어두며, '쫑쯔(粽子 : 대나무 잎으로 말아 찐 밥이나 떡)'를 먹고, 강이나 호수에서 용선(龍船)경주를 한다. 전국시대 초(楚)나라의 시인 굴원(屈原)이 후난(湖南) 성 미루어(汨羅) 강에 투신했기 때문에, 사람들이 그의 죽음을 슬퍼하여 배를 타고 강을 찾아다녔던 데에서 유래했다. 쫑쯔에는 강에서 죽은 굴원이 밥을 굶지 않도록 한다는 의미가 담겨 있다. 쑥이나 창포는, 그 약효로 질병을 방지하고자 하는 소원에서 비롯된 것이다.

중국의 기념일과 전통명절

기념일(양력)		전통명절(음력)	
1월 1일	신정(新正)	1월 1일	춘절(春節)
5월 1일	노동자의 날(勞動節)	1월 15일	원소절(元宵節)
10월 1일	건국기념일(國慶節)	3월 14일	청명절(淸明節)
3월 8일	여성의 날(婦女節)	5월 5일	단오절(端午節)
5월 4일	청년의 날(青年節)	8월 15일	중추절(中秋節)
6월 1일	어린이의 날(兒童節)	9월 9일	중양절(重陽節)
7월 1일	공산당 창립기념일	12월 8일	납팔절(臘八節)
8월 1일	국군의 날(建軍節)		
9월 1일	스승의 날(教師節)		

칠석을 말할 때 항상 따라다니는 '견우와 직녀의 만남'은 예로부터 전해져 내려오는 전설로, 이것을 중국적 가극(歌劇)으로 만든 「천하배(天河配)」는 지금도 상연되고 있다. 청대(淸代)에는 이날을 걸교절(乞巧節)이라 하여, 젊은 여자들이 자신의 길쌈솜씨가 좋아지기를 직녀성에 기원하기도 했다. 그러나 지금의 중국에는 그러한 것들이 없어졌다. 7월 7일이라 하면 1937년의 루꺼우챠오(盧溝橋) 사건(중·일간의 전면전이 발생하게 된 계기)을 연상하는 사람이 압도적으로 많다.

베이징은 7월이 가장 덥다. 평균 기온은 26.1도인데, 1942년 7월은 사상 최고치인 42.6도를 기록했다. 날씨가 더우면 베이징의 아이들은 수박을 무척 즐긴다. 더위가 심한 여름엔 1인당 20개 가량을 먹어 더위를 식힌다. '리즈(荔枝)'도 여름철 미각을 돋워준다. 냉방장치가 보급되지 않았기 때문에, 잠자리에 들기 괴로운 열대야에는 긴 의자를 내놓고 공원이나 티엔안먼(天

安門) 광장 같은 곳에 나와 '청량(乘凉 : 더위를 쫓음)' 한다.

가을에서 겨울로

베이징의 가을은 멋지다. 작가 라오서(老舍)는 "딱 알맞게 덥지도 춥지도 않으며, 밤낮의 길이도 균형을 이룬다. 하늘은 끝없이 높고 푸르고 맑다"고 했으며, 남방 출신인 위따푸(郁達夫)도 "북방의 가을하늘은 더 높아 보인다. 공기도 더욱 맑아 가슴이 트인다"고 했다. 최근 고층 빌딩이 늘어나고 대기오염에 시달리고 있지만, 그래도 징산(景山) 주변을 올라가면, 시가지에서 시산(西山)까지가 손에 잡힐 것 같다.

중추절인 8월 15일(음력으로 쇠기 때문에 양력으로는 9월 중순) 밤에는 정원 테이블에 과일과 월병(月餅)을 차려놓고, 달을 바라보면서 먹는다. 이때는 가족의 평화와 장수, 풍년을 기원한다. 월병의 종류는 약 150종이며, 큰 것은 직경이 1미터 되는 것도 있다. 달에 관한 전설은 나라에 따라 다른데, 중국에서는 항아(嫦娥)가 달의 궁전에서 춤을 추고 오강(吳剛)이 계수나무에 도끼를 휘둘렀다는 내용 등이 전해져온다.

9월 9일은 중양절(重陽節)이다. 높은 곳에 올라 재난을 피한다는 것이 시초가 되었다. 지금도 교외의 상산(香山)과 빠따링(八達嶺 : 베이징 근교에서 가깝게 만리장성에 오를 수 있는 곳)에 나가 술을 마시고, 시를 짓고, 국화를 감상한다. "국화가 피고 게가 살찐다"는 말이 있듯이, 사오싱주(紹興酒)를 마시면서 '팡시에(螃蟹 : 여기서는 민물게를 말함)'를 먹는 것도 더할 수 없는 즐거움이다. 민물게는 티엔진(天津) 교외와 강남의 양징호(陽澄湖)

에서 가져온다.

10월 1일(양력)은 건국을 기념하는 국경일로, 이틀 동안 쉰다. 1950~1960년대에는 노동자 · 농민 · 병사 대표 약 50만 명이 창안지에(長安街)에서 시가행진하고, 당정부의 지도자들은 티엔안먼(天安門) 누상에서 지켜보았으나, 1971년부터는 시내 6개 공원에 흩어져 축하행사를 치르는 것으로 바뀌었다. 밤에는 티엔안먼과 인민대회당 등이 전등장식(illumination)으로 빛나고 있어, 밤하늘에서 보아도 뚜렷이 볼 수 있다.

샹산(香山)의 단풍을 바라보면서 시장에 배추가 나왔겠구나 생각하고 있으면, 겨울이 빠른 걸음으로 달려온다. 눈은 좀처럼 내리지 않는데 기온은 낮다. 행사다운 행사는 적다. 동지(冬至)가 되면 북방에서는 '쟈오쯔(餃子 : 물만두)'나 '훈툰(餛飩 : 만두국)'을, 남방에서는 고기를 구워 먹으며 추위를 몰아낸다. 12월 8일 납팔절(臘八節)에는 과일과 야채를 넣은 죽을 먹는다. 이는

부뚜막신의 모습

조상에게 수확물을 바치던 데에서 유래했다.

겨울의 또 다른 행사는 음력 12월 23일에 행해지는, 부뚜막신을 배웅하는 제사인데, 농촌에서는 지금도 부엌에 붙여진 화상(畫像)에 엿과 술지게미를 바친다. 부뚜막신은 매년 이때 승천하여, 그 집의 선악을 천제에게 보고한다고 한다. 엿으로 입을 붙여 나쁜 말을 하지 못하도록 하고, 지게미로 취하도록 해 자기 집에 관해서는 좋은 말만 하게 하려는 의미가 담겨 있다. 이 행사가 끝나면 바로 정월이다.

데이터로 본 중국

주민의 연평균 소비수준

연도	절대수(위엔)			지수(1978년=100)		
	전국 평균	농민	비농업주민	전국 평균	농민	비농업주민
1978	184	138	405	100.0	100.0	100.0
1980	236	178	496	115.8	115.5	111.9
1985	485	376	920	189.3	199.3	158.2
1987	550	417	1089	200.0	207.9	172.0
1988	693	508	1431	214.9	220.4	187.3
1989	762	553	1568	213.8	218.8	184.4
1990	803	571	1686	221.0	219.5	198.1
1991	896	621	1925	239.4	234.2	216.6
1992	1070	718	2356	270.3	257.2	249.9
1993	1331	855	3027	292.2	272.8	272.1
1994	1781	1138	3979	311.2	290.6	283.3
1995	2311	1479	5044	338.8	318.6	300.0
1996	2726	1816	5634	369.3	361.6	308.4
1997	2936	1930	6048	381.1	373.9	312.4

『중국통계적요』 1998년판 참조

내구소비재 보유량

(100호당)

	품명	1978년	1985년	1990년	1991년	1992년
도시주민	세탁기	6.34	48.29	78.41	90.06	89.12
	냉장고	0.22	6.58	42.33	69.67	72.98
	TV	57.65	84.07	111.40	119.03	
	(그 중 컬러TV)	(0.59)	(17.21)	(59.04)	(91.50)	(100.48)
	카메라	4.29	8.52	19.22	32.13	33.64

	품명	1978년	1985년	1990년	1991년	1992년
농촌주민	냉장고	-	0.06	1.22	7.27	8.49
	라디오	17.44	54.19	45.15	59.68	
	TV	-	11.74	44.44	89.97	92.44
	(그 중 컬러TV)	(-)	(0.80)	(4.72)	(22.91)	(27.32)
	오토바이	-	-	0.89	8.45	10.89

매년도 『중국통계연감』 참조

제5장

21세기의 중국

27 21세기의 중국

풍요로움을 향하여

중국이 지향하는 21세기 상은 풍요와 민주, 문명을 갖춘 근대화된 사회주의 국가를 건설하는 것이다. 구체적으로는 20세기 중으로 농공업 생산을 1980년의 네 배로 하고, 건국 100주년을 맞이하는 21세기 중반(정확히는 2049년)까지는 '만족스럽지는 못하나 아쉬운 대로 괜찮다고 생각되는 생활(약간은 여유 있는 생활)'을 실현하는 것이다. 따라서 국내적으로는 개혁·개방을 지속적으로 실시하고, 대외적으로는 평화로운 국제환경을 유지해야만 한다. 검토할 문제는 그러한 청사진을 언제까지나 소중히 여기고, 그 실현을 향한 행보를 계속해나갈 수 있을까의 여부다.

중국의 장래전망에 즈음하여 우선 화제가 되는 것은 '총 설계사' 떵샤오핑이 사망한 이후에 전개될 상황이다. 마오쩌뚱 사망 직후, 사인방 타도에서 화구어펑(華國鋒) 정권의 탄생, 떵샤오핑의 정권장악과 동요, 그에 따라 정책의 중점이 정치에서 경제로 크게 전환했던 것 등이 또한 기억에 새롭다. 중국이 역사적으로 법치(法治)보다 인치(人治)에 의존해왔던 것, 혹은 사회주의와 시장경제의 동시 진행에 대한 의문과 경이(驚異)도 그 저류(底流)에 있었을 것이다.

그러한 만큼 떵샤오핑 사후의 정치적 사회적 혼란은 필연적이다. 중앙의 정치권력이 통합성 · 통일성을 우선할 것인가(개발독재, 신권위주의, 군사독재를 상정), 아니면 분산성 · 할거성(割據性)을 증대시킬 것인가(지방 자주권의 확대, 군사적 할거, 공산당과 사회주의의 정당성 감소 등) 하는 문제들에 대한 논의가 계속 있어왔다.

이에 대하여 혼란은 그렇게 일어나지 않을 것이고, 다소 있더라도 집단지도 체제에 의해 극복되어 대내외 정책에 커다란

떵샤오핑(앞 중앙)과 쟝쩌민(앞 오른쪽), 리펑(앞 왼쪽)

변화를 초래하지 않을 것이라는 시각도 있는데, 그러한 견해는 점차 강해지고 있다. 떵샤오핑은 1992년 10월의 당대회(14전 대회)에서 지도부의 강화와 세대교체를 제기하여, 쟝쩌민, 리펑, 챠오스(喬石) 등을 중심으로 후계체제를 이미 확립해놓았기 때문이다.

동시에 보다 기본적으로 지적되어야 할 것은 마오쩌뚱 시대와 떵샤오핑 시대의 차이다. 마오쩌뚱은 반봉건 · 반식빈지의 중국을 사회주의 국가로 변화시킨 '해방의 아버지' 이나, 계속혁명론을 바탕으로 대약진과 문화대혁명을 고집스럽게 추진하다가 오류를 범해, 결과적으로는 대중을 희생시켰다. 떵샤오핑은 이를 시정한 '근대화의 아버지' 로 불린다. 근대화가 더 대중적 지지를 얻고 있다는 것은 말할 나위도 없다.

떵샤오핑이 1978년 말의 중앙위원회 총회(11기 3중 전회)에서 개혁 · 개방을 호소한 지도 십수 년이 지났다. 그 사이 계획경제는 12전 대회의 '계획경제를 주(主)로, 시장조절을 종(從)으로 한다' 의 원칙에서 13전 대회의 '사회주의 상품경제' 로, 14전 대회에서는 '사회주의 시장경제 체제' 로 개혁을 심화시켜, 연평균 10퍼센트 전후의 경제성장을 이루어왔다. 이 노선을 이제와서 포기하려는 정치세력은 없다. 있다 해도 실현은 불가능할 것이다.

사회주의 국가가 자본주의적 상품경제와 시장원리를 도입하려는 데 대하여 의문은 생긴다. 그러나 현정권은 누가 뭐라 해도 자신들의 체제를 '중국적 특색을 가진 사회주의' 라 천명하며, 100년 동안은 이 노선을 계속 견지해나갈 것이라 한다. 그 배경에 있는 것은 "혁명을 통해 자본주의, 제국주의를 타도하는 것이 아니라, 생산력의 발전을 통해 우위를 차지하고, 전 인류의 해방을 지향한다"는 발상이다. 서구적 마르크스 레닌주의라기보다 전통적 대동사상(大同思想 : 평화로운 수단으로 평등한 사회를 실현. 『예기』에서 유래)에 가깝다.

시정해야 할 부정적 측면

중국의 경제성장은 특히 1990년대 들어 두드러지는데, 반면에 부정적인 면도 눈에 띈다. 빈부의 차, 잉여노동력, 부정부패와 범죄 증가 등으로, 무엇보다 근대화의 성공 여부를 좌우하는 본질적인 문제이며, 동시에 해결을 위해 온힘을 다해야만 하는 과제이다. 21세기 중반의 '여유 있는 생활'을 실현하는가의 여부에는 지도자의 교체, 인플레이션, 재정 적자, 에너지 부족도 어느 정도 영향을 미치겠지만, 장기적으로 보았을 때는 부정적 측면의 시정이야말로 당연히 중시되어야 한다.

경제성장이 연해부와 내륙부, 도시와 농촌에 큰 격차를 가져왔다는 것은 '다양화와 불균형' 부분에서 지적한 대로다. 1인당 GNP(국민총생산)가 상하이(上海, 1,164달러)와 꾸이저우(貴州, 162달러)에서 7배의 차이를 보이고 있고, 전국적 추계(推計)로 보면 1994년 초반의 상황에서 1년 동안 100만 위엔 이상을 벌어들이는 백만장자가 1백만 명 이상인 반면, 내륙부에는 의식주도 제대로 해결하지 못하는 8천만 명의 빈곤층이 존재한다. 현재 당국은 이러한 격차를 선부론(先富論), 즉 조건이 갖추어진 곳이 먼저 풍요롭게 된다는 논리(이외의 지역도 결국에는 풍요로워진다고 말함)로 설득하고 있지만, 국제사회의 남북문제와 마찬가지로 현실에서의 격차는 확대되어 갈 뿐이다.

또 급성장의 탓인지 농업을 등한시하여, 제2차, 3차 산업의 일시적 발판으로 삼으려는 경향이 있다. '바이티아오(白條)'라 하여, 식량과 농업생산물을 정부가 매입하면서도 약속어음밖에 주지 않는 사례가 자주 생긴다. 또 '뤼티아오(綠條)'라 하여, 돈벌이를 위해 타지에 나간 농민이 우편으로 송금을 해도 곧바로 현금화되지 않는 경우가 많다. 거기에다 농업세, 도로건설비 등 각종 부담금을 징수하기도 한다. 그러한 돈을 이익률이 큰 공업이나 서비스업으로 돌리는 것이다.

농촌인구 약 8억(전 인구의 73.8퍼센트) 중 노동력은 4억이다. 1980년대에 1억이 향진기업으로 옮겨갔고, 8천만 명이 도시로 들어갔다. 그러나 여전히 1억 5천만의 잉여노동력이 있고, 연간 1,100만 명 꼴로 새로운 노동력이 증가하고 있다. 2000년이 되면 농촌의 잉여노동력은 2억 4천만에 달할 것이라 한다. 농업은 수입이 낮고, 게다가 대량의 잠재실업자를 떠맡고 있는 것은 근대화 자체의 전도(前途)와 관계가 있다.

잉여노동력의 해소책으로는 이때까지와 마찬가지로 향진기업의 계속적 발전, 도시와 농촌의 교류활성화 등의 방안이 유력시되고 있다. 그 외에는 농업 내부에서의 흡수소화(농지개발과 부업의 발전), 3차 산업의 개발, 국제적 노무(勞務)수출, 환경개선에 활용(치수, 조림사업) 등이 고려되고 있다. 타당한 해결책이 논의되지 않는다면, '망리우(盲流)'와 실업의 증대, 도시의 슬럼화(slum : 빈민가), 밀항 등 해외유출의 증가와 직결될 것이다.

부정부패와 범죄 증가에는 전통적인 간부의 특권의식, 시장경제와 개방정책에 따른 배금주의의 만연, 자본주의적 문화로 인한 '정신오염' 등이 복잡하게 얽혀 있다. 그 개략적 내용은 '이성상실에 대한 우려' 부분에서 언급했다. 우선은 지도적 위치에 있는 당 정부의 간부가 자세를 바로하고, 도덕을 확립해야 한다. '샹치엔칸(向錢看 : 돈을 보라)'에 바쁜 나머지 독서무용론이 만연하여, 소·중학생 가운데 중도 퇴학자가 두드러지는 것은 장기적으로 볼 때 우려해야 할 사태다.

평화로운 국제환경을

국제사회에서 중국의 입장을 생각해보자. 중국은 이미 마오쩌뚱 시대의 '3차 대전 불가피론'을 버리고, 근대화 추진을 위해 평화로운 국제환경을 추구하고 전방위외교를 전개하여, 모든 나라와 우호협력 관계를 발전시키려고 노력한다. 제2차 세계대전 후 오래 계속된 미·소와의 대립도 과거의 일이 되고 말았다. 그러나 내외정세를 보면, 우호를 불안정하게 하고, 순조로운 근대화의 템포를 빗나가게 하는 요인이 전혀 없다고 할 수는 없다. 그 중 몇 가지를 들어보면 다음과 같다.

민주와 인권

1989년 6월에 티엔안먼(天安門) 사건이 일어나자 중국은 민주화 요구를 중심으로 하는 반정부 운동을 '반혁명 폭란(暴亂)'이라는 이유로 진압했다. 그것을 비난한 선진 각국은 대중 경제협력 중지 등 제재조치를 취했다. 이는 중국의 관광수입과 차관도

입을 격감시켜, 근대화에 큰 상처를 남겼다. 현상황에서 이런 사건이 재발할 가능성이 없다고 단언할 수는 없다.

인권외교를 국시(國是)로 삼은 미국은 그 후에도 중국에 대한 불신감을 누그러뜨리지 않았다. 1993년 11월의 장쩌민-클린턴 회담 때에도 미국측이 정치범 석방, 티베트 문제에서 달라이 라마측과의 대화 개시를 요망했으나, 중국측은 미국의 인권문제 비판은 내정간섭이라는 반론을 전개하는 등 상호간의 의견이 대립되었다.

영국과의 관계도 거의 마찬가지다. 1991년 9월에 중국을 방문한 메이저 수상이 티엔안먼(天安門) 사건 당시 투옥된 사람들의 명단을 제시하며 중국측의 견해를 물었을 때, 리펑(李鵬) 총리는 "100년에 걸친 서구의 제국주의적 침략으로 중국인의 인권은 유린되었다"고 반론을 폈으며, 나아가 "인권에 대한 척도는 국가에 따라 다른 것이며, 중국의 인권문제를 비난하는 것은 내정간섭이다"고 말했다.

물론 중국도 민주주의의 실현과 인권존중을 강조하고 있으며, 인권상황에 개선되어야 할 점이 많다는 것은 인정한다. 그러나 역사적 상황을 언급하는 외에, "생존권을 쟁취하는 것이 무엇보다 우선적으로 해결되어야 할 인권문제다"라는 입장을 취해, 미국과 영국의 외교는 인권을 구실로 정치적 · 경제적 압력을 가하는 것이라고 비판했다.

중국 위협론

영국지 『이코노미스트(*economist*)』(1994년 1월 8일자)에 "21세기 새로운 세계질서 형성과정의 패권다툼에서 가장 주목해야 할 대상은 미국에 대해 노(No)라 할 수 있는 유일한 국가인 중국이다. 중국의 고도 경제성장이 성공하면, 중국인의 생활수준을 향상시키는 쪽보다는 군사력을 강화하는 데 치중할 공산이 크다"는 논평이 실리면서, 이와 유사한 내용의 중국 위협론들이 서서히 대두되었다.

중국측은 "국방비 지출은 매년 약 55억 달러로, 방위에 필요한 최소한의 범위만을 확보하고 있다. 외국에 군사기지를 두지 않았으며, 단 한 명의 군사도 주둔시키지 않는다"는 반론을 제기하여, 오히려 위협론의 배후에 ① 중국의 국제적 지위상승에 불안감을 갖고 있고 ② 중국과 주변국가들의 사이를 갈라놓으려 하는 등의 요인이 있다고 반박했다(『베이징 주보』 1993년 10호 논설).

분명히 중국의 군비지출이 위협에 이를 정도는 아니다. 다만 국방의 근대화, 특히 해군력의 증강은 아시아에서 미·소의 군사력 축소 경향과 맞물려 진행되었으며, 난사(南沙) 군도의 영유권 분쟁과도 관련이 있는 만큼, 주목되는 것은 사실이다. 동남아시아 여러 나라와의 우호 유지는 무기수출과 아울러 신중한 배려가 요구된다.

환경문제

근대화에 따른 환경문제의 심각성에 대해서는 '환경보호' 부분에서 적었다. 그것이 단순히 국내 문제에서 그치는 것이 아니라 주변국가들의 환경까지 위협한다면, 이는 그야말로 21세기 동아시아에서 고뇌의 씨앗이 될 것이다.

"유황성분이 많은 석탄을 사용함으로써, 시베리아의 원시림과 한반도의 삼림에 산성비를 내리게 할 공산이 크다. 환경문제 전문가들은 2010년까지 중국이 세계 최대의 산성비 원천국이 될 가능성을 추정하고 있다. 지구 온난화에도 이후 중국의 책임은 막중하다"는 견해(미국지 『포린 어페어즈(*foreign affairs*)』 1993년 11, 12월호에 실린 크리스토프의 논문)가 발표되기도 했다.

환경문제가 21세기의 중요한 테마임은 말할 나위도 없다. 1991년 6월 베이징에서 개최된 환경과 개발에 관한 개발도상국 회의에서 "지구환경을 파괴하고 개발도상국을 빈곤에 빠뜨린 책임은 산업혁명 이래의 선진국의 공업화에 있다"고 문제를 제기했다. 맞는 말이다. 그러한 만큼 개혁·개방의 길을 가는 중국은 같은 오류를 반복해서는 안 될 것이다.

아시아 태평양 시대

이제까지 살펴보았듯이 중국은 국내외적으로 일정 정도의 부작용과 고민을 안고 있으면서도, 성장을 거듭하여 21세기를 맞이했다. 대국적 견지에서 판단해본다면, 중국의 근대화는 중국인뿐만이 아니라 지구사회 전체의 안정과 번영에 좋은 영향을 미친 것이다. 그렇게 생각하는 이유는 몇 가지가 있다.

첫째, 중국은 20세기 말까지 13억의 인구를 보유하게 된다. 중국이 만약 혼란에 빠진다면, 국제사회는 이민·난민이 넘쳐날 것이며, 그에 대한 대응은 쉽지 않을 것이다. 그리고 그 영향이 주변국가들에게도 미칠 것이다.

둘째, 남북문제의 해결이 논의된 지 오래되었지만, 적어도 아시아에서는 NIES(신흥공업경제군), ASEAN(동남아시아 각국 연합) 다음으로 중국도 근대화를 본격적으로 추진하여, 국제사회에 좋은 모델을 제공할 것이다.

셋째, 중국에 대한 직접투자는 해외화교와 홍콩, 타이완의 중국인 등 화인(華人)자본이 80퍼센트 전후를 차지하여, 이른바 화인경제권을 형성하고 있다. 냉전이 끝난 후 민족·지역 분쟁이 빈발하는 가운데, 협조의 확대는 환영해야 할 현상이다. 그 연장선상에서 중국 대륙과 타이완의 화합을 위치지을 수도 있다.

넷째, 아시아의 NIES와 ASEAN 대부분의 국가가 그러했던 것처럼, 중국도 경제발전 과정중 정치면에서 근대화·민주화 혹은 인권존중의 필요성이 보다 잘 인식되도록 해야 하며, 그것을 실현할 수 있는 방향으로 나아가야 할 것이다.

제2차 세계대전 때까지 아시아라고 하면, '아시아적 정체론' '아시아적 생산양식' 등 전근대적 사회로 파악하는 경우가 많았으나, 지금은 북미, 유럽과 나란히 세계경제에서 하나의 극(極 : pole)으로 성장하여, 오히려 '21세기는 아시아 태평양의 시대'라는 소리도 들린다. 물론 그것은 일부에서 거론되는 유교문명, 기독교 문명, 이슬람 문명 등 문명의 충돌이 아니라, 협조와 교류를 통한 국제사회 전체의 안정과 번영에 연결되어야 할 것이다. 그러한 까닭에 중국이 담당해야 할 과제는 많다. 우리도 그러한 중국과 공존해나아가야 할 것이다.

■ 역자 후기

이 책은 다케요시 지로오(武吉次朗)·나카노 겐지(中野謙二) 공저『現代中國 30章』(大修館書 店刊)을 우리말로 옮긴 것이다. 다케요시 지오로는 일본에서 대중국 무역의 자문역을 다년간 맡아왔고, 나카노 겐지는 일본 마이니치(每日) 신문사의 홍콩 지국장·베이징 지국장을 역임했다. 현재는 모두 일본의 대학 교수로, 학문적 연구업적도 적지 않지만, 특히 실용적 방면의 중국 정보에 정통하여 일본의 대표적인 '중국통'으로 알려져 있는 인물들이다.

본 역자가 이 책을 번역·출판하는 목적은 중국과 관련된 연구를 업으로 삼지 않는 일반독자들을 대상으로 하여, 중국이라는 인접국의 객관적 현실을 총체적으로 알리려는 데에 있다.

본 역자는 학교에서 중국어문학을 전공했고, 현재도 그와 관련 있는 일을 하고 있다. 물론 지금은 과거에 비해 대학에서 중국 관련 학과들이 늘어났고, 중국에 대한 이해의 폭도 넓어진 것이 사실이다. 하지만 아직도 우리 사회의 일반적 관념에 있어 중국은 주류적 관심사라기보다는 주변부 내지 소수의 관심에 머물고 있다는 느낌이다.

처음 만나는 사람이거나 혹은 오랫동안 헤어졌던 사람과 대화를 나누다가 중국어를 전공했다고 하면 나를 쳐다보는 상대방의 눈빛이 좀 달라지는 것 같은 느낌을 받는 경우가 종종 있다. '세상에, 중국어를 전공했다고 하니 이 사람 좀 희한한 인간일 것 같군'이라는 생각을 하면서 내 외양을 살피는 것 같다. 그러면서도 "아아, 어쩐지… 정말 꼭 중국 사람같이 생기셨군요"라는 말을 빼놓지 않는다. "네, 평소에 그런 말을 많이 듣습니다"라고 대답하면 중국에 대한 상대방의 의례적 관심사에서 비롯된 몇 가지 질문과 함께 '중국은 후진국' 또는 '중국은 한국의 6, 70년대 수준'이라는 코멘트도 잊지 않는다.

신문이나 잡지 등에서 외국인 모습의 캐리커처를 볼 때면 다소 불만스럽게 느껴질 때가 있다. 예를 들어 그것이 미국인 · 일본인 · 중국인이었다 해보자. 큰 키와 큰 코에 곱슬머리를 한 미국인은 그런대로 실제 모습과 유사하게 보인다. 그런데 왜 일본인은 빗어올린 머리를 위로 묶은 채 일본식 나막신을 신고 코 밑에는 암체같이 네모난 수염을 기르고 있는가, 그리고 왜 중국인은 항상 호떡을 연상케 하는 동그란 얼굴에 변발(辮髮 : 앞은 면도로 밀고 뒷머리는 길게 딴 머리)을 하고 호복(胡服)을 입고 있는가?

지금 일본 도쿄(東京)나 중국 베이징(北京)의 거리를 가보라. 어디에도 그런 차림의 사람은 없다. 이건 완전히 왜곡된 캐릭터만을 키워가는 것 아닌가. 왜 고정관념의 틀 속에 빠져 허상을 보고 즐기려는 것인가.

주지하듯이 19세기 중반 이후 줄곧 제국주의 열강의 침략을 받아온 중국은 20세기 전반기 실로 처절한 투쟁을 통해 주권을 회복하고, 1949년 10월 1일 중화인민공화국을 수립한다. 혁명에 의한 근대적 자주독립국가라는 새로운 캐릭터 정립에 성공한 것이다. 중국 대륙에서 외세를 축출하고 이념적 방향성을 설정한 것까지는 성공적이었지만 사회주의 국가 운영에서는 난맥상을 거듭하게 되었고, '중국의 붉은 별' 마오쩌뚱(毛澤東) 사망 후인 1978년 개혁 · 개방 노선을 채택하면서는, 그 대담성으로 다시금 세계를 놀라게 한다.

1978년 12월 18일의 공산당 제11기 중앙위원회 제3차 전체회의(약칭 : 3중전회)에서 채택된 개혁 · 개방 노선은 이후 20년간 중국은 물론 세계정세에 엄청난 영향을 끼쳤다. 1992년 한 · 중 양국이 수교하게 된 것도 마오쩌뚱의 '계속혁명론'에서 떵샤오핑(鄧小平)의 '개혁 · 개방'으로의 코페르니쿠스적 대전환이 있었기에 가능한 일이었다.

1980년대 이후 중국을 방문하는 한국 사람이 하나둘씩 생겨났다. 당시로서는 '금단의 땅'을 밟는 것이었으니 평범한 사람은 엄두도 내지 못할 일이었고, 그런 만큼 '금단의 땅'을 방문하고 귀국한 사람의 이야기는 대단한 화제였다. 화제가 되었던 것은 주로 중국인들의 일상생활 방면이었는데, 중국 사람들은 매우 가난하다는 데서 시작해서 그들은 '세 가지 구르는 것과 한 가지 울리는 것(손목시계 · 자전거 · 재봉틀 · 라디오, '三轉一響'이라 하였음)'을 너무도 좋아해서 혼수의 필수품목이 되었다거나 '택시기사의 수입이 대학교수보다 많다'는 것이 관심거리였다.

1990년대 이후에는 중국을 방문하는 한국 사람들이 더욱 많아지게 되었지만, 한국인의 중국관에 있어 기본 틀은 크게 변하지 않은 것으로 보인다. 예컨대 1978년 당시 133.6위엔(元)에 불과했던 중국 농민들의 연수입은 1997년에 2,090.1위엔으로 무려 15.6배가 늘었고, 도시민의 연수입도 20년 전보다 15배 가량 증가된 5,160.3위엔 가량 되었다. 1978년 개혁 · 개방 노선을 채택한 이래 20년 동안 중국은 연평균 경제성장률 9.8퍼센트를 기록하여 발전해가고 있는 데 반해, 한국인들의 중국에 대한 이해도는 얼마나 높아졌는가.

"중국 사람 호떡집에 불난 것 같다"는 말이 있다. 왁자지껄 호들갑스런 상황을 두고 하는 말인데, 왜 중국어는 시끄러운 언어라고만 생각하는가. 예컨대 TV의 코미디 프로그램에서 개그맨이 영어를 사용하면 주위에서 '와아' 하고 탄사를 보내고, 중국어를 흉내내어 '쌀라쌀라' 하면 그 말의 의미에는 전혀 관심을 두지 않고 낄낄대고 하는 것인가. 문제는 바로 중국과의 사이에 존재하는 심리적 거리감에 있다고 본다. 1998년 1~9월까지 대 중국 수출은 우리나라 총 수출의 9.2퍼센트인 88억 9천만 달러로, 대 미국 수출에 이어 두번째이고, 전체 수출에서 중국이 차지하는 비율은 9.2퍼센트로 1990년(0.9퍼센트)에 비해 10배 이상 확대됐다. 또 연도별 중국에 대한 투자실적을 보면

수교가 이루어진 1992년 170건 1억 4천만 달러에서 1995년 722건 8억 300만 달러, 1996년 706건 7억 9,200만 달러로 급증했고, 외환위기가 시작된 1997년에는 622건 6억 5,800만 달러로 다소 감소했다. 최근의 경제적 상호 의존관계를 생각해본다면 중국이 과연 '쌀라쌀라' 하며 웃어버릴 가벼운 존재인가.

앞에서도 말했지만, 우리 한국 사람은 중국이라 하면 우선 가난하고 후진적이라 생각하는 경향이 강한데, 물론 그러한 관점에도 일정한 근거가 있다는 점은 인정한다. 하지만 그런 관점에만 얽매여 있을 때 과연 우리에게 어떤 이로움이 있을 것인가. 중국이 전반적으로 풍요롭지 못한 것은 사실이지만, 그렇다 해도 그들의 경제적 부분을 개혁·개방 정책이 막 시작되던 1970년대 후반의 상황에만 고정시키는 것은 다소 문제가 있다고 본다. 구체적으로 보자면 1995년 기준으로 40만 위엔(元, 당시 환율 기준으로 약 3,700만 원) 이상의 재산을 가진 중산층이 전국적으로 8천~1억 명에 이르고 있으며, 또 평균 재산이 52만 7천 위엔(미화 6만 4천 달러) 수준인 신흥 부유층은 12억 인구 중 2.5퍼센트인 3천만 명 내외로, 중국 전체 민간저축의 40퍼센트와 연간 8퍼센트씩 늘어나는 소비를 리드해나가고 있다. 중국은 변화의 속도가 빠르다. 시시각각 무섭게 변화해가는 중국을 우리의 아래에만 고정시키고 자위하기보다는 중국의 변화상을 추적해가면서 우리의 길을 모색하는 편이 현실적이리라 생각된다.

또 한 가지 한국 사람은 왜 조선족 중국인을 편견으로만 대하는가. 흔히 중국의 저력을 말할 때는 화교 네트워크를 언급하면서 왜 조선족 네트워크는 생각하지 않는가. 국민적으로 애송되는 「서시」「별 헤는 밤」의 시인 윤동주가 바로 조선족이었던 것, 중국에서 일제와 투쟁하던 독립운동가들의 후예가 바로 조선족이라는 것은 왜 생각하지 않는가. '글로벌' 시대를 살아가면서 해외동포들과의 연계에 대해서도 보다 구체적·적극적으로 사고해야 하지 않겠는가.

최근 들어 동아시아 연대(連帶)가 다시금 강조되고 있다. 중국 중심의 중화(中華) 대국주의나 일본 중심의 군국주의에 의한 패권주의를 경계하고 삼족정(三足鼎)의 균형 잡힌 국제관계를 이루어가기 위해서는 서로 상대방에 대해 잘 알아야 한다.

12억이 넘는 인구를 보유하고 있는 중국은 현재 핵무기를 보유하고 있는 UN 안보리 상임이사국이며, 그러한 군사력·정치력을 바탕으로 국제사회에서 막강한 영향력을 행사하고 있다. 경제적으로는 매년 10퍼센트 가까운 경제성장률을 보이는 거대한 개발도상국이지만, 국내적으로는 국영기업의 개조, 교육·의료·주택 등 제방면의 사회보장제도 변화 등에서 야기되는 갈등을 안고 있는 나라이기도 하다. 이제는 어느 한 가지의 고정적 시각만으로 중국을 보아서는 안 된다. 다원주의적 유연성이 필요한 시기이다.

1999년 5월

김양수